7 PECADOS DA LÍNGUA

Proibida a reprodução total ou parcial em qualquer mídia
sem a autorização escrita da editora.
Os infratores estão sujeitos às penas da lei.

A Editora não é responsável pelo conteúdo deste livro.
A Autora conhece os fatos narrados, pelos quais é responsável,
assim como se responsabiliza pelos juízos emitidos.

Consulte nosso catálogo completo e últimos lançamentos em **www.editoracontexto.com.br**.

Dad Squarisi

7 PECADOS DA LÍNGUA

editora**contexto**

Copyright © 2017 da Autora

Todos os direitos desta edição reservados à
Editora Contexto (Editora Pinsky Ltda.)

Ilustração de capa
Du gris de la nuit surgit Soudain (1918),
Paul Klee (1879-1940)

Capa e diagramação
Antonio Kehl

Preparação de textos
Bruno Gomes

Revisão
Lilian Aquino

Dados Internacionais de Catalogação na Publicação (CIP)
Andreia de Almeida CRB-8/7889

Squarisi, Dad
Sete pecados da língua / Dad Squarisi – São Paulo :
Contexto, 2017.
96 p.

ISBN 978-85-520-0001-3

1. Língua portuguesa 2. Língua portuguesa – Gramática
3. Língua portuguesa – Ortografia 4. Língua portuguesa –
escrita I. Título

17-0447   CDD 469.83

Índices para catálogo sistemático:
1. Língua portuguesa – ortografia

2017

EDITORA CONTEXTO
Diretor editorial: *Jaime Pinsky*

Rua Dr. José Elias, 520 – Alto da Lapa
05083-030 – São Paulo – SP
PABX: (11) 3832 5838
contexto@editoracontexto.com.br
www.editoracontexto.com.br

Para Antônio e Maruan,
irmãos do coração

Sumário

Introdução 9

Os sete pecados dos numerais 11

Os sete pecados do haver 14

Os sete pecados da conjugação verbal 1 17

Os sete pecados da conjugação verbal 2 21

Os sete pecados da harmonia 25

Os sete pecados do artigo 29

Os sete pecados da pronúncia 32

Os sete pecados das locuções 35

Os sete pecados da grafia 39

Os sete pecados do latim 42

Os sete pecados do pronome átono 45

Os sete pecados do hífen 48

Os sete pecados do estilo...51

Os sete pecados do troca-troca de letras 54

Os sete pecados da reforma ortográfica 57

Os sete pecados dos cruzamentos 60

Os sete pecados das pegadinhas 63

Os sete pecados da concordância 66

Os sete pecados da redação oficial 69

Os sete pecados da regência verbal 73

Os sete pecados do *todo* 76

Os sete pecados da crase 79

Os sete pecados da acentuação gráfica 82

Os sete pecados dos modismos 85

A oitava maravilha da língua 90

A autora 95

Introdução

O sete

Dizem por aí que o sete é o número preferido de Deus. Daí o Senhor ter criado o mundo em sete dias, ter dado sete cores ao arco-íris, ter definido sete sacramentos, ter fixado sete pecados capitais, ter ditado sete virtudes e ter dado sete vidas ao gato.

Na Bíblia, o sete é grande vedete. Sete foram os pãezinhos que Jesus multiplicou pra dar comida à multidão. Depois do banquete, sobraram sete cestos cheinhos. Cristo expulsou sete demônios do corpo de Maria Madalena. Sete pessoas foram as únicas que se salvaram com Noé das águas do dilúvio. Sete é a metáfora do incontável: Pedro queria saber o limite do perdão. Aproximou-se de Cristo e perguntou:

— Senhor, quantas vezes devo perdoar meu irmão quando ele pecar contra mim? Até sete vezes?

Respondeu Jesus:

— Não te digo até sete vezes, mas até 70 vezes 7.

Número tão especial merece reverência. Que tal falar dos sete pecados da língua? Eles figuram no time dos incontáveis. Impôs-se, por isso, limitar-lhes a abrangência. Não se trata de quaisquer pecadinhos, frutos da inocência que caracteriza as crianças e os bêbados. Mas de desvios estruturais, de caráter. Há muitos assuntos a serem tratados.

Cada tema merece uma lição. Crase, pontuação, concordância, regência, conjugação verbal, flexão nominal, propriedade vocabular, artigo, pronomes, numeral, estilo, redação oficial... Ufa! Tropeços não faltam. Os descuidados correm risco de arder nas fogueirinhas do inferno. Valha-nos, Deus!

Os sete pecados dos numerais

Sete são os dias da semana. Sete são os pecados capitais. Sete são as maravilhas do mundo. Sete são as cores do arco-íris. Sete são os arcanjos. Sete são as notas musicais. Sete são os portais da eternidade. Sete são as vidas do gato. Sete são os anões da Branca de Neve. Sete chaves guardam o segredo. Sete dias é a duração das fases da Lua. Sete anos Jacó esperou Raquel. Sete são os reinos do Apocalipse.

Tão sagrada criatura pertence ao clã dos numerais. Tratar bem os membros da família agrada a Deus e aos homens. Mas nem todos são tementes ao Todo-Poderoso. Há os pecadores. Eis os atos que entristecem o Senhor e enchem o demo de alegria.

1 Zero à esquerda

Zero à esquerda? É nulidade. Poupe tempo e espaço. Em datas, em vez de 05.04.2018, escreva 5.4.18 ou 5/4/18. Viu? A informação não perde nada. A mesma economia vale para a escrita de numerais em geral: Em vez de *havia 02 pessoas na sala*, fique com *havia 2 pessoas na sala*. Por quê? Você não diz havia *zero duas pessoas na sala*.

2 Eu sozinho

Catorze alterna com *quatorze*. Mas *cinquenta* é único. Xô, *cincoenta*!

3 Bruxaria

Os numerais são mágicos. Número determinado vira indeterminado. É o caso do "até 70 vezes 7" bíblico. Cristo não quis dizer 490 vezes, mas infinitas vezes. É o caso, também, do cardinal *mil*. Desde os começos da língua, ele se presta pra expressar uma indeterminação exagerada. Olho vivo. Ele não tem plural: *Em abril, chuvas mil. Fez promessas mil durante a campanha. Apresentou propostas mil pra vender o produto.*

4 Primeirão

Não caia no simplismo. O primeiro dia do mês tem privilégios. Só ele é ordinal. Os demais embarcam na canoa do cardinal: *Primeiro de janeiro abre as portas do ano-novo. Os gregos não tinham o primeiro dia do mês. Viajou no dia 2.*

5 Alergia

Há numerais que sofrem de alergia. Um deles é *dois*. Ele não tolera o pronome *todos*. Todos os dois? Saia de perto. É espirro pra todos os lados. Diga *os dois* ou *ambos*.

Outro é o ordinal. Com os números que indicam ordem, o hífen não tem vez. Escreva sem medo de errar: *décimo primeiro, quinquagésimo quarto, milésimo trigésimo segundo.*

6 Sem *pedigree*

O numeral pertence às espécies sem *pedigree*. Sem privilégios, concorda com o nome a que se refere (*dois livros*, *duas cadeiras*, *trezentos carros*, *trezentas casas*). Moleza? É. Mas muitos bobeiam. Dizem: *trezentos e quarenta e uma declarações*. Ops! Fazem o trabalho pela metade. Como não existe meia gravidez, não existe meia concordância. Demos ao trezentos o que é do trezentos. Assim: *trezentas e quarenta e uma declarações*.

Milhar, *milhão* e cia. jogam no time invariável. São machinhos e não abrem. Os distraídos se esquecem do sexo da moçada. Quando seguidos de nome feminino, não dá outra. Travestem os coitados. Dizem: *duas milhões de pessoas* ou *foram liberadas milhões de moedas*. Viu? É a receita do cruz-credo. Respeito é bom, e a turma do milhão adora: *dois milhões de pessoas*, *foram liberados milhões de moedas*.

7 Pegadinha

A vírgula joga no time dos gozadores. Adora pegadinhas. Quando o desavisado cai na cilada, ela, morrendo de rir, sai cantando o tal enganei o bobo na casca do ovo. Contra a esperta, só há uma saída – a atenção plena. Concorde com o número que vem antes da vírgula: *1,2 milhão*, *0,4 bilhão*, *13,5 milhões*.

Os sete pecados do haver

Há pecados e pecados. Existem os pecadilhos veniais. Leves, os erros não incomodam Deus. Quando o Todo-Poderoso vê criaturas furando filas, fingindo tristeza em velórios ou trabalhando no domingo, sorri compreensivo e as deixa pra lá. Elas nem precisam pedir perdão. Tendo mais o que fazer, o dono do Céu, da Terra e do universo as desculpa antecipadamente.

No outro extremo, estão os atos que ferem ao Senhor, a você e ao próximo. São tão pesados que não têm clemência. O papa Gregório Magno, lá no século VI, os especificou. São os sete pecados capitais. O adjetivo não deixa dúvida. Os escorregões são graves. Ei-los: gula, avareza, inveja, ira, soberba, luxúria e preguiça.

Nem todos, porém, se curvam ao clamor da Igreja. Há os que têm o olho maior que a barriga, os Tios Patinhas da vida, os professores de Deus, os Macunaímas soltos mundo afora. A tentação é tal que ultrapassa o espaço humano. Chega ao da língua. Vale o exemplo do haver. O verbo pagou pra ver. Cometeu os sete pecados.

1 Gula

Gula? Eis o primeiro desafio. Como traduzir na língua o comer além do necessário, a toda hora? A resposta: multiplicando regências, funções e significados. Fiquemos com os últimos. O dissílabo pode ser:

1. Substantivo. Aí quer dizer *bem, riqueza*: *Na partilha, perdeu metade dos haveres.*

2. Verbo. Ops! O dicionário registra quase 20 acepções. Entre elas, *ter, possuir (hei um emprego)*; *obter, conseguir (depois de muita luta, houve o que buscava)*; *considerar, julgar (houveram que era abuso aceitar as exigências do governador)*; *existir (há 20 casas na rua)*; *fazer (havia meses que não falávamos)*; *entender-se, arranjar-se (não sabia que o filho se havia com traficantes)*. Etc. e tal.

2 Avareza

O haver inspirou-se em palavras e expressões do povo sabido. Entre elas, mesquinho, sovina, canguinha, muquirana, morrinha, pão-duro, mão-fechada, mão de vaca, sapo morreu na unha, não dá adeus pra não abrir a mão, não come ovo pra não jogar a casca fora.

Eureca! Em vez de flexionar-se nas três pessoas (eu, nós; tu, vós; ele, eles), o verbo estacionou em uma. Impessoal, só se conjuga na 3ª pessoa do singular. Ele pratica esse pecado em três ocasiões:

1. Na acepção de ocorrer: *Houve mortes no acidente da Imigrantes.*

2. No sentido de existir: *Há três casas na rua.*

3. Na contagem de tempo passado: *Moro em Brasília há dois anos.*

3 Inveja

Desde que nasceu, o haver não tirava os olhos da expressão *haja vista* (ou seja, *veja-se*). Também ele queria porque queria andar em duplinha. Como? Tornou-se auxiliar. Colado ao particípio de outro verbo, forma tempo composto: *que eu haja visto, ele haja visto, nós hajamos visto, eles hajam visto.*

4 Ira

Ops! É a reação de Deus. Os homens sentem ódio, raiva. O *haver* também. Nada lhe desperta os instintos mais bárbaros do que contrariá-lo. Alguns atrevidos o tornam pessoal quando é impessoal. Em vez de *houve distúrbios*, dizem *houveram distúrbios*. Em lugar de *havia casas*, preferem *haviam casas*. Pagam caro. A fúria do verbo desmoraliza reputações e rouba pontos no vestibular, no concurso, no emprego. Valha-nos, Deus!

5 Soberba

Ah! A palavra soa como música. Sem humildade, o dissílabo se sente autossuficiente. Na indicação de tempo, basta o *há*. Dizer *há dois anos atrás*? Cruz-credo! O *atrás* sobra. Explica-se. O *há* indica passado. O *atrás* também. Xô, pleonasmo!

6 Luxúria

Louco pelos prazeres da carne, o *haver* é do tempo em que não havia camisinha. Resultado: teve filhos. Um deles: *reaver*. O garoto quer dizer *haver de novo* (*recuperar*). Muitos lhe confundem a paternidade. Bobeiam. Ele só se conjuga nas formas em que aparece o *v* do paizão: *reouve, reaveria, reaverão*.

7 Preguiça

Preguiça? "Ora, se Deus descansou no sétimo dia", pensa ele, "por que eu não haveria de fazê-lo?". O verbo desconfia de discriminação. O descanso de Deus é repouso. O dele, preguiça.

Os sete pecados da conjugação verbal 1

Sacramento vem de *sacra*. A dissílaba quer dizer *sagradas palavras*. O significado tem tudo a ver com a missa. Para a memória não trair o padre, colocava-se sobre o altar o texto das três partes fixas da cerimônia. Assim, não havia desculpa. Vacilou? Os quadros estavam lá pra acordar o distraído.

"Crescei e multiplicai-vos", ordenou o Senhor. *Sacra* obedeceu. Formou enorme família. Entre filhos, netos, sobrinhos e primos, destacam-se *sacro, sacristia, sacramento, sacramentar, sacrário, sacristão, sacrifício, sacrílego, sacrilégio*. Todos têm um denominador comum – a relação com o sagrado.

Sacramento merece tratamento privilegiado. Cristo o instituiu para distribuir a salvação divina aos que, recebendo-o, fazem profissão de fé. São sete: batismo, crisma, eucaristia, penitência (ou confissão), ordenação, matrimônio e unção dos enfermos.

Sete são também os verbos que nos fazem pecar contra a conjugação. Eles empurram o falante para longe do sagrado. Valha-nos, Senhor! Foi sem querer. Então, como diz Gregório Marañón: "É seguro que Deus preferirá julgar-nos pelos propósitos que nos acompanham cada manhã ao sair de casa e não pelas culpas com que voltamos ao anoitecer".

1 Cear

Natal e Réveillon conjugam dois verbos à exaustão. Trata-se de *cear* e *presentear*. Ambos jogam no time do -ear (*passear, frear, homenagear*).

Apresentam-se com vestes angelicais, mas escondem tentações ameaçadoras. O perigo mora no presente do indicativo e do subjuntivo. *Eu, tu, ele, eles* exibem um vistoso *i*. O *nós* e o *vós* não lhe dão vez.

Veja: *ceio (presenteio, passeio, freio, homenageio), ceias (presenteias, freias, passeias, homenageias), ceia (presenteia, freia, passeia, homenageia), ceamos (presenteamos, ceamos, passeamos, homenageamos), ceais (presenteais, freais, passeais, homenageais), ceiam (presenteiam, freiam, passeiam, homenageiam); que eu ceie (presenteie, passeie, homenageie), ele ceie (presenteie, freie, passeie, homenageie), nós ceemos (presenteemos, freemos, passeemos, homenageemos), vós ceeis (presenteeis, freeis, passeeis, homenageeis), eles ceiem (presenteiem, freiem, passeiem, homenageiem).*

2 *Possuir*

Ops! Cuidado com aquela força irresistível que nos empurra para a perdição. Quando ela atacar, pare, pense e reze. *Possuir* pertence à 3ª conjugação. Mas foge à regra. O desvio reside na 3ª pessoa do singular. Os irmãozinhos terminam com *e* (*ele parte, divide, dorme*).

Possuir pulou a cerca. Trocou o *e* pelo *i*. Muita gente desconhece o resultado. Escreve *possue*. Peca. A saída? Ajoelhar-se, pedir a compaixão divina e aprender a lição: *eu possuo, ele possui, nós possuímos, eles possuem*. (A regra vale para a turma *-uir*. Entre eles, *contribuir* e *retribuir*: *ele contribui, retribui*).

3 *Intervir*

Quem vê cara não vê coração? Às vezes vê. *Intervir* serve de exemplo. Filhote de *vir*, conjuga-se como o paizão: *eu venho (intervenho), ele vem (intervém), nós vimos (intervimos), eles vêm (intervêm); eu vim (intervim), ele veio (interveio), nós viemos (interviemos), eles vieram (intervieram)*. E por aí vai.

Muitos vão contra os mandamentos gramaticais. Juram que *intervir* deriva de *ver*. Escrevem *interviu*. Pecam contra a língua. Que peçam perdão a Deus. Ele, generoso, dirá sim. Afinal, perdoar é o grande vício do Senhor.

4 *Mediar, remediar* e a gangue do M.A.R.I.O.

Pai e filho dão tremenda dor de cabeça. *Mediar* e *remediar* fazem parte da gangue do M.A.R.I.O. Conhece? O nome da turma barra pesada se formou com a letra inicial de cada membro — **m**ediar, **a**nsiar, **r**emediar, **i**ncendiar e **o**diar. Todos se conjugam como *odiar*.

Assim: *odeio (medeio, anseio, remedeio, incendeio), odeia (medeia, anseia, remedeia, incendeia), odiamos (mediamos, ansiamos, remediamos, incendiamos), odeiam (medeiam, anseiam, remedeiam, incendeiam).*

5 *Viger*

Olho vivo! *Vigir* não existe. A forma é *viger*. Intolerante, ele odeia o *a* e o *o*. Por isso, só se conjuga nas formas em que essas vogais não aparecem depois do *g*. A 1ª pessoa do presente do indicativo (*eu vigo*) não tem vez. Nem o presente do subjuntivo. Que eu viga? Uhhhhhhhh! Nas demais, é regular. Conjuga-se como viver: *vives (viges), vive (vige), vivemos (vigemos), vivem (vigem), vivi (vigi), vivia (vigia).* Etc. e tal.

6 *Ver* e *vir*

Se eu vir Maria? Se eu ver Maria? Se eu vier de São Paulo? Se eu vir de São Paulo? Olho no futuro do subjuntivo. Ele se forma do pretérito perfeito do indicativo. Mais precisamente, da 3ª pessoa do plural sem o *-am* final:

Pretérito perfeito: *eu vi, ele viu, nós vimos, eles **vir**(am)*

Futuro do subjuntivo: *se eu vir, ele vir, nós virmos, eles virem*

Logo: Se eu *vir* Maria, faço o pedido.

Vir é outra vítima. A turma diz sem cerimônia: *quando eu vir de São Paulo.* Nem pensar. O futuro do subjuntivo de *ver* e *vir* se forma do mesmo jeitinho:

Pretérito perfeito: *eu vim, ele veio, nós viemos, eles **vier**(am)*

Futuro do subjuntivo: *quando eu vier, ele vier, nós viermos, eles vierem.*

Ufa! *Quando eu **vier** de São Paulo, telefono.*

7 *Adequar*

Há verbos e verbos. Uns adoram a família. São os rizotônicos. A sílaba tônica cai sempre no radical. É o caso de *cantar, comer* e *dividir.* Outros ignoram a raiz. São os arrizotônicos. A sílaba tônica cai sempre fora do radical. Vale o exemplo de *adequar.* Ele só se conjuga nas formas em que a fortona cai fora do radical.

O xis do problema é o presente do indicativo. *Eu adeque?* Nem pensar. A sílaba tônica cairia no radical. Por isso, só o nós e o vós têm vez (*adequamos, adequais*). O presente do subjuntivo é formado da 1ª pessoa do singular do presente do indicativo. Sem ela, nada feito.

Os demais tempos e modos são regulares: *adequei, adequou, adequamos, adequaram; adequava, adequava, adequávamos, adequavam; adequarei, adequará, adequaremos, adequarão; adequaria, adequaria, adequaríamos, adequariam; adequasse, adequasse, adequássemos, adequassem; adequar, adequarmos, adequarem; adequando; adequado.*

Os sete pecados da conjugação verbal 2

A Trindade Santa engloba três seres. O Deus Pai, que criou o universo. O Deus Filho, que redimiu os homens. O Deus Espírito Santo, que distribuiu os dons divinos. Conhece-os? São sete. Ei-los: a sabedoria, a inteligência, a prudência, a fortaleza, o conhecimento, a piedade, o temor a Deus.

Filha dos homens, que são filhos de Deus, a língua persegue as excelências do Espírito Santo. O verbo é seu principal instrumento. Ele fala. Dá o recado. Com ele mostramos as nuanças de pessoa, tempo e modo. Pra chegar lá, impõe-se conjugá-lo como mandam os mestres. Os regulares não oferecem problema. As ciladas se encontram nos irregulares. Sete deles sobressaem – *mediar* e cia., *extorquir*, *falir*, *perdoar*, *ler*, *ter* e *vir*. Vamos enquadrá-los?

1 *Extorquir*

Eta verbinho mau caráter. Olho nele. Conjugue-o só nas formas em que o *qu-* for seguido de *e* ou *i* (*extorque*, *extorqui*, *extorquirá*, *extorquiria*, *extorquiremos* etc. e tal). *Eu extorquo*, que *eu extorqua*? Nem pensar. O *qu-* vem seguido de *o* e *a*. Xô, criaturas traiçoeiras.

2 Falir

Falir joga no time dos preguiçosos. Defectivo, só se flexiona nas formas em que aparece o *i* depois do *l* (*falimos, falis, fali, falia, falira, falirá, faliria*). Sabe a razão da manha? Se ele abrir as porteiras para o *a, e* ou *o*, será confundido com *falar* (*falo, fale, fala*). Já imaginou? Ninguém quer perder a personalidade.

Sobretudo se a língua, pra lá de rica, oferece outras possibilidades de substituir as formas inexistentes: *abrir falência, quebrar*. Mais: no sentido de quebrar financeiramente, *falir* rejeita complemento. Por isso, ninguém pode *falir uma empresa*. Pode fazer uma empresa quebrar.

3 Perdoar

O vício de Deus? É perdoar. Daí a generosidade do verbo. Ele pode jogar em quatro times:

1. Intransitivo, sem complemento: *Perdoa para seres perdoado.*

2. Transitivo direto (perdoar alguém ou alguma coisa): *Deus perdoa as ofensas. Perdoai os nossos pecados, Senhor. O pai perdoa o filho.*

3. Transitivo indireto (perdoar a alguém): *A Receita perdoa aos devedores. Deus perdoa aos pecadores. Perdoou aos assassinos do filho.*

4. Transitivo direto e indireto (perdoar alguma coisa a alguém): *O patrão perdoou aos empregados as falhas cometidas. Deus lhes perdoou os pecados. A lei perdoou a dívida aos devedores.*

A regência muda. Mas a conjugação se mantém. *Perdoar* pertence à equipe dos verbos terminados em *-oar*. É o caso de *voar, abençoar* e cia.: *perdoo (voo, abençoo), perdoa (voa, abençoa), perdoamos (voamos, abençoamos), perdoam (voam, abençoam).* E por aí vai.

4 Ler e cia.

Ler, crer, ver, dar e familiares adoram complicar a vida dos pobres lusófonos. A cilada se esconde no presente do indicativo. A 3ª pessoa do singular termina em ê. A 3ª do plural dobra o e. Assim: *ele lê, eles leem; ele crê, eles creem; ele vê, eles veem; ele dê, eles deem*.

Reparou? A reforma ortográfica cassou o chapeuzinho que aparecia no hiato *ee*. Os pesadões *lêem, crêem, vêem* e *dêem* ficaram mais leves. A família deles foi atrás: *releem, descreem, reveem* etc. e tal.

5 Têm, vêm

Parecido não é igual. Mas confunde. *Ter* e *vir* são fregueses da troca de Germano por gênero humano. A 3ª pessoa do plural dos dois verbinhos não tem nada a ver com a turma do ver, ler, crer e dar. Ela não dobra o e. E tem acento: *ele tem, eles têm; ele vem, eles vêm*.

6 Pôr e filharada

Eta família maltratada! Ela sofre mais que escravo no tronco. Apanha na grafia e na conjugação. Mas, como nesta vida tudo passa, o martírio do clã pode chegar ao fim. Basta aprender duas regras:

1. **Só o s tem vez.** As formas em que soa o fonema z escrevem-se com s (*pus, pôs, pusemos, puser, pusesse, compuser, depuséssemos*). Por quê? Sem aparecer no infinitivo (*pôr*), a lanterninha do alfabeto não tem vez na conjugação. É intrusa. O mesmo ocorre com *querer* (*quis, quiser, quisesse*).

2. **Olho no subjuntivo.** O pretérito e o futuro do sofisticado subjuntivo se formam da 3ª pessoa do plural do pretérito perfeito do indicativo sem o *-am* final. Assim:

   Pretérito perfeito: *pus, pôs, pusemos, **puser**(am)*.

Futuro do subjuntivo: *se eu puser, ele puser, nós pusermos, eles puserem.*

Pretérito do subjuntivo: *se eu pusesse, ele pusesse, nós puséssemos, eles pusessem.*

Os filhotes do paizão conjugam-se do mesmo jeitinho: *eu ponho* (*componho, disponho, deponho, reponho*), *ele põe* (*compõe, dispõe, depõe, repõe*), *nós pomos* (*compomos, dispomos, depomos, repomos*); *eu pus* (*compus, dispus, depus, repus*); *eu punha* (*compunha, dispunha, depunha, repunha*); *que eu ponha* (*componha, disponha, deponha, reponha*). Etc. e tal.

7 Dar, dá/estar, está

Muitos não querem pecar contra a conjugação. Mas, sem saber como agir, apostam no "mamãe mandou". Quase nunca acertam. É que a Lei de Murphy está em pleno vigor. O que pode dar errado dá.

Quando usar o infinitivo ou o presente do indicativo? Dois verbos encabeçam a dúvida. Um é *dar*. O outro, *estar*. Resposta: o infinitivo (*dar* e *estar*) detesta a solidão. Anda sempre acompanhado: *eu posso dar (estar), ele deve dar (estar), nós vamos dar (estar), eles conseguem dar (estar), eu comecei a dar (estar).*

Dá e *está* são formas conjugadas. Trata-se da 3ª pessoa do singular do presente do indicativo: *eu dou, ele dá; eu estou, ele está.*

Os sete pecados da harmonia

Anfião, filho de Antíope e Zeus, nasceu com um dom ímpar. Era músico como jamais existira outro no Olimpo. Encantado, Hermes lhe deu uma lira de ouro. O som do instrumento fascinava pessoas, animais e coisas. Ao se tornar rei de Tebas, Anfião quis construir uma muralha pra fortificar a cidade. Mas havia um problema. As pedras eram enormes e muito pesadas.

Como deslocá-las sem guindastes e tratores? Enquanto pensava, tocava, tocava, tocava. Surpresa! Ao som arrebatador da lira, os grandes blocos começaram a se mover. Cada um se encaminhava para o lugar certo na fortificação. Assim, Sua Majestade ergueu as torres e as sete portas de Tebas – sete como as cordas do instrumento.

A língua também encanta. Harmonias e ritmos seduzem ouvidos e arrebatam corações. Como chegar lá? Anfião ensina. Ele não fez mágicas nem recorreu a invenções. Usou o código de que dispunha. Manejou com engenho e arte as sete notas musicais. Nós lhe seguimos a receita. Organizamos as palavras de tal forma que a frase ganha fluência e ritmo. São sete as dicas.

1 Pronúncia

O respeito à sílaba tônica da palavra acaricia os ouvidos. Vocábulos terminados em *a, e* e *o* são paroxítonos (*cadeira, tacape, livro)*. Em *i* e *u*, oxítonos (*tupi, cajus*). Se algum foge à regra, vem acentuado. Agudos e circunflexos indicam que a sílaba tônica se desviou da norma: *sofá, você, vovó, táxi, ônus, lâmpada.*

Rubrica, recorde e *ibero* terminam em *a, e* e *o.* Sem acento, jogam no time das paroxítonas. As sílabas fortes são *bri, cor* e *be.* Álibi termina em *i.* Mas ostenta grampinho no *a.* Resultado: tornou-se proparoxítona.

2 Eco

Rima é qualidade da poesia, mas defeito na prosa. Recebe, então, o nome de eco. Como descobri-lo? Leia o texto em voz alta. Ocorre repetição de sons iguais ou semelhantes? Mande-os pras cucuias: *Houve provocação e confusão na reunião da diretoria.* Cruz-credo! Tantos -ãos provocam otite. Xô, eco! Assim: *Houve provocação e tumulto no encontro da diretoria.*

3 Cacófato

Ops! De vez em quando, ocorrem encontros indesejados. O fim de uma palavra se junta com o começo de outra. Forma-se, então, uma criatura indesejada: *Pagou R$ 10 **por cada** peça. **Lá tinha** muitos amigos. Deu **uma mão**zinha à vizinha. Maria diz que nun**ca ga**nha nada na loteria.*

4 Harmonia

Palavras e frases devem conversar sem tropeços, ecos ou repetições. O resultado é a harmonia. Como alcançá-la? Há caminhos. Um deles: o metro. A colocação dos termos é a chave – o mais curto (com menor número de sílabas) deve vir na frente do mais longo. Quer ver? Leia os períodos em voz alta:

1. *O presidente pediu aos deputados que votassem a* PEC *em regime de urgência urgentíssima.*

2. *O presidente pediu aos deputados que votassem, em regime de urgência urgentíssima, a* PEC.

Viu? O segundo dá a impressão de que lhe falta alguma coisa. Mas não falta. Ele está gramaticalmente certinho. A sensação de incompletude se deve ao tamanho dos termos. *Em regime de urgência urgentíssima* tem 13 sílabas. *A* PEC, 2. Daí o desequilíbrio.

5 Truque do três

Ninguém sabe por quê. Mas trios bajulam os ouvidos. *Pai, Filho e Espírito Santo* formam a Santíssima Trindade. *Liberdade, igualdade e fraternidade* são os lemas da Revolução Francesa. *Governo do povo, para o povo, pelo povo*, proclamou Abraham Lincoln. *Vim, vi e venci*, orgulhou-se Júlio César.

Nas enumerações, o três faz mágicas. Pense em três itens para agrupar: *O papa colecionou desafetos ao combater o divórcio, a homossexualidade e o sacerdócio feminino. O estilo deve ter três virtudes: clareza, clareza e clareza. Vamos trabalhar com afinco, vontade e competência.*

6 Diversidade

As repetições – de sons, palavras ou estruturas – transmitem a impressão de inexperiência, descuido e pobreza de vocabulário. Há formas de evitá-las. Uma delas: suprimir a palavra. Outra: substituí-la por sinônimo ou pronome. Mais uma: dar outro torneio à frase.

7 Forma positiva

O *não* provoca arrepios. Ninguém o ama, ninguém o quer. Por isso a forma positiva ganha banda de música e tapete vermelho. A regra é dizer o que é, não o que não é. *Não ser pontual é ser impontual. Não lembrar é esquecer. Não assistir à aula é faltar à aula. Não duvidar é ter certeza. Não fazer mudanças na equipe é manter a equipe.*

Os sete pecados do artigo

Hidra era uma cobra de arrepiar os cabelos. Tinha corpo de dragão e sete pescoços que sustentavam sete cabeças. A principal ficava no meio. A serpente espalhava veneno sobre o corpo todinho. Por isso ninguém podia chegar perto dela. Além do risco, o cheiro era insuportável.

Deuses, homens, mulheres e crianças morriam de medo do monstro. Muitos tentaram matá-lo. Mas não conseguiram. Quando lhe cortavam uma cabeça, ela renascia com força total. E soltava um odor... Pior que pum de 20 meninos juntos. Todos saíam de perto.

E daí? Chamaram Hércules para acabar com a criatura. Ele pediu a ajuda de um amigo. Os dois fizeram um trato. Hércules decepava uma cabeça da fera. Imediatamente o companheiro queimava o pescoço dela com uma tocha. A cabeça não renascia. Assim foi seis vezes. Aí, Hércules cortou a cabeça principal. A Hidra morreu.

Daí nasceu a expressão cabeça da hidra. Ela tem um significado muito especial. Quer dizer fonte sem fim de coisas ruins. A gente corrige uma falha. Pinta outra. E outra. E outra. Ufa! Na língua ocorre o mesmo.

Vale o exemplo do artigo. Gramáticas e manuais alertam para as trapaças do pequenino. Todos entendem. Prometem seguir a orientação dos mestres. Mas, na hora de aplicá-la, os vícios voltam firmes e fortes. É a cabeça do monstro grego. Valha-nos, Hércules!

1 O indefinido

As palavras, como os remédios, podem matar. O artigo indefinido, medicamento de tarja preta, causa estragos. Torna o substantivo vago, impreciso, molengão. Em 99% das frases, é gordura pura. Corte-o. Assim: *Na posse, os convidados usaram (uma) roupa clara. As mulheres esperam viver (uma) nova era no Brasil. Haverá (umas) reconduções no primeiro escalão do governo.*

2 Outro

Ops! O pronome *outro* tem aversão à obesidade. Lipoaspiração é com ele mesmo. Sabe qual é a primeira vítima do motorzinho? O artigo indefinido. Escrever ou falar *um outro*? Valha-nos, Senhor. Xô! Melhor mandá-lo plantar batata onde Judas perdeu as botas: *Comprou (um) outro vestido pra curtir o Réveillon. Espera receber o ano-novo com (uma) outra companhia. Vendeu o champanhe para (um) outro freguês.*

3 O definido

Quem escreve tem obrigação de ser claro como a luz do sol. O artigo definido se presta a confusão de significados. Ao dizer: *os estudantes fazem greve*, engloba-se a totalidade da moçada. Se não é a totalidade, o pequenino não tem vez: *Estudantes fazem greve.*

4 Todos os

Ora, se o artigo engloba, o *todos* sobra em muitas situações. Corte-o sem pena: *Vou à missa todos os domingos. (Vou à missa aos domingos.) Todos os ministros que saem partem com saudade do poder. (Os ministros que saem partem com saudade do poder.) Todas as pessoas que se expõem ao sol correm risco de contrair câncer de pele. (As pessoas que se expõem ao sol correm risco de contrair câncer de pele.)*

5 **Ambos**

Ambos joga no time das polarizações. Com ele é 8 ou 80. Ou anda sozinho, ou acompanhado. Na primeira equipe, não oferece problema. Veja: *Ambos saíram. Gosto de ambos. Trabalho com ambos sem problemas.*

Na segunda equipe é que a porca torce o rabo. Seguido de substantivo, o dissílabo exige – exige mesmo – o artigo. Assim: *Ambos os filhos visitaram os pais. Ambas as provas foram alvo de críticas. Ambos os países sobressaíram no debate.*

6 **Chamar a atenção**

Olho vivo! Chame a atenção de alguém. Assim, com artigo: *O maestro chamou a atenção dos músicos. Chame a atenção dos presentes. Não gosto que me chamem a atenção.*

7 **Cujo**

O pronome relativo *cujo* sofre de grave intolerância. Não suporta o artigo. O bom senso manda respeitar-lhe as idiossincrasias: *Luiz Silva, cuja candidata foi eleita, deixou a presidência do clube no sábado. Paulo Coelho, cujos livros fazem sucesso mundo afora, mora na Suíça. O funcionário cujo salário é mais curto que o mês vai à luta.*

Os sete pecados da pronúncia

Conhece a expressão "a sete chaves"? Pois saiba que ela esconde um senhor mistério. Trata-se do número. Em Portugal, lá pelo século XIII, não havia cofres. Dinheiro, documentos, joias, metais preciosos e tudo o mais que exigia proteção se guardavam em arcas de madeira.

Elas tinham quatro fechaduras e, claro, quatro chaves. Cada uma ficava com um servidor pra lá de graduado e merecedor da total confiança do rei. Abrir o baú implicava cerimônia cuidadosa com a presença do quarteto.

Pergunta-se: o que "a quatro chaves" tem a ver com "a sete chaves"? Resposta: o mistério. O povo considerou o quatro sem graça. Preferiu o cabalístico sete para designar segredo bemmmmmmmmmmmmm guardado. A expressão dava ideia da curiosidade que o conteúdo tão protegido despertava em homens, mulheres e crianças.

Desvendado o enigma medieval, vale decifrar mistério contemporâneo. Trata-se da pronúncia de sete palavras. Por motivos que até Deus ignora, elas caíram na boca do povo e da elite. Mas, a exemplo do quatro que virou sete, trocou-se a sílaba tônica dos vocábulos.

O resultado é um só: a silabada bate pesado nos ouvidos. Quem sente o golpe não deixa por menos. Foge. Os mais sensíveis são os apaixonados. Sem resistir à dor, eles partem pra outra. Perdem-se promessas, juras e eternidade. Confirma-se, assim, fato pra lá de conhecido. O amor é cego, mas não é surdo. Olho na fortona!

1 **Subsídio** joga no time de *subsolo, subserviente, subsalário, subsaariano, subsimilar, subsíndico, subsinuoso*. Em todas, o s que vem depois do *sub* se pronuncia *ss*. Sem tossir nem mugir.

2 **Recorde,** *concorde* e *acorde* orgulhosamente pertencem à equipe das paroxítonas. A sílaba mandachuva é *cor* sim, senhores. Dizer *récord*? É a receita do cruz-credo. Xô!

3 **Rubrica,** *fabrica, lubrifica, tonifica, santifica* e cia. são irmãzinhas inseparáveis. A força delas mora na penúltima casa – paroxítona. A dupla tem vizinhos legais. À direita, a senhora oxítona. À esquerda, a dona proparoxítona. Confundir endereços? Valha-nos, Deus. Papai Noel entregará os presentes para quem não pediu. Convenhamos: ninguém merece pagar tal mico.

4 **Nobel,** *papel* e *cruel* se pronunciam do mesmo jeitinho. A sílaba tônica é a última. Na dúvida, pense um pouco. Se *Nobel* fosse paroxítona, pertenceria à gangue de *móvel* e *automóvel*. Teria acento. Como não tem, a conclusão é uma só. O nome do prêmio mais cobiçado do planeta é oxítono e não abre. PT saudações.

5 **Ibero** é a forma alatinada de ibérico. Trissílabo e polissílabo têm o mesmo significado. Designam os originários da Península Ibérica, que engloba Portugal e Espanha. A menorzinha mantém a marca da grandona. A sílaba tônica de ambas é a mesma – *be*. Diga, pois, sem medo de errar: *cúpula ibero-americana, povos ibero-americanos, presidentes ibero-americanos*.

6 **Gratuito**, *fortuito* e *circuito* são como unha e carne. Nas três, o -*ui*- forma ditongo. Não se separa nem com sangue, suor e lágrimas. Vamos combinar? Se a fortona recaísse no *i*, o acentão pediria passagem como em *cuíca*.

7 **Linguiça**, *tranquilo*, *cinquentenário* e cia. perderam os anéis, mas mantiveram os dedos. Em bom português: a reforma ortográfica lhes cassou o trema, mas a pronúncia nem ligou. Sabida, hein? A reforma é ortográfica. Só atingiu a grafia das palavras.

Os sete pecados das locuções

O gato tem sete vidas? Ninguém contou. Mas todos dizem que sim. A crença se baseia nas características do bichano. Ele é ágil, resistente e exibe um senhor equilíbrio. Quando cai, cai de pé, sobre as quatro patas. Machuca-se? Nem pensar. Sai ileso do tombo.

Mais: esperto, o peludo escapa dos predadores. O corpo flexível, a visão penetrante e a audição aguçada lhe tornam a fuga pra lá de fácil. Sete são as características que asseguram a longevidade do felino – agilidade, resistência, equilíbrio, esperteza, flexibilidade, audição e visão.

Sete são as expressões que nos condenam ao fogo eterno. Basta um descuido e lá vem a caída impiedosa. Nos subterrâneos, o capeta espera com o tridente em brasa. Valha-nos, Deus! Não nos deixeis cair na tentação de confundir sete alhos com sete bugalhos.

1 Oito ou oitenta

À medida que ou *na medida em que*? Depende. Ambas se parecem como irmãs gêmeas. Mas, como diz o outro, parecido não é igual. Mas confunde. Não caia na desatenção. Abra os olhos e aguce os sentidos:

> *À medida que* = à proporção que: *Minha redação melhora à medida que escrevo.*

Na medida em que = porque, tendo em vista: *A dengue se alastra na medida em que não se combatem os focos do mosquito transmissor.*

Pecado: cometer cruzamentos. Parte de uma estrutura se junta a parte de outra. Nascem os mostrengos *à medida em que* ou *na medida que*. Xô, satanás! Acuda-nos, Senhor! Pra não cair em tentação, lembre-se do 8 ou 80. *À medida que* tem três palavras. *Na medida em que*, quatro.

2 *A favor* ou *contra*

Ao encontro ou *de encontro*? Ops! Uma expressão é o contrário da outra. Trocar as bolas é o passaporte para as fogueirinhas do tinhoso:

De encontro a = contra, no sentido contrário, em oposição: *O carro foi de encontro ao poste.*

Ao encontro de = em favor de, na direção de: *O neto caminhou ao encontro dos avós. Vou ao encontro do meu sonho.*

3 *No começo, em tese*

A princípio ou *em princípio*? Ops!

A princípio = inicialmente, no começo: *A princípio, ninguém acreditava na vitória de Donald Trump. Depois, com o resultado das pesquisas, as opiniões mudaram.*

Em princípio = antes de mais nada, teoricamente, em tese: *Em princípio, toda mudança é benéfica.*

4 Contrários e substituições

Ao invés de ou *em vez de*? Conheça a diferença entre uma e outra. Depois, navegue na superdica:

Ao invés de = ao contrário de: *Morreu ao invés de viver. Comeu ao invés de jejuar. Dormiu ao invés de ficar acordado.*

Em vez de = em lugar de: *Comeu peixe em vez de carne. Foi ao teatro em vez de ir ao cinema. Escreveu em vez de ler.*

 Superdica: deixe *ao invés de* pra lá. *Em vez de* vale pelas duas: *Morreu em vez de viver. Dormiu em vez de ficar acordado.*

5 Saber, à altura

A par ou *ao par*? Olho vivo:

A par = estar por dentro, inteirado, sabedor das coisas: *Estou a par dos bastidores da formação do ministério.*

Ao par = estar emparelhado: *A pesquisa brasileira não está ao par da americana.*

6 Às vezes ou sempre

Aos domingos ou *nos domingos*? Se a ação se repete, é a vez da preposição *a*. Se ocorre uma vez ou de vez em quando, *em*: *Vou à missa aos domingos. Estudo inglês às segundas e quartas. Marcelo se casou no sábado. Ele foi batizado no último domingo.*

7 No âmbito, à altura

Em nível de ou *ao nível de*? A duplinha tem função bem definida. Ei-la:

Em nível de = no âmbito de: *Faço um curso em nível de pós-graduação. A decisão foi tomada em nível de diretoria.*

Ao nível de = à altura de: *Recife fica ao nível do mar.*

A *nível de?* Eta praga feia. O trio não existe. Fuja dele como o diabo da cruz.

 Superdica: *em nível de* existe. Mas é dispensável. Sobra. Sem ele, a frase ganha em concisão e elegância: *Faço um curso de pós-graduação. A decisão foi tomada pela diretoria.*

Os sete pecados da grafia

O arco-íris tem sete cores – vermelho, laranja, amarelo, verde, azul, anil e violeta. Tem, também, outros nomes. Alguns o chamam de arco-celeste. Outros, arco da aliança. Há os que preferem arco da chuva, arco-da-velha ou arco de Deus.

Seja qual for a denominação, o fenômeno óptico representa algo mais que o show multicolorido do céu. Cristianismo, islamismo e judaísmo dizem que, depois do Dilúvio, quando a arca de Noé pousou sobre o monte Ararat, Deus fez um pacto com os homens. Prometeu que nunca mais inundaria a Terra. Depois de cada chuva, o arco nas nuvens simbolizaria a aliança entre o Todo-Poderoso e os seres vivos do planeta.

Pacto semelhante firmaram as criaturas humanas. Trata-se da grafia das palavras. Emprego das letras, do hífen, dos acentos sempre foi uma grande confusão. Muita conversa rolou. Não faltaram xingamentos e sopapos. Mas valeu a pena. Saiu o acordo. Ele está no *Vocabulário ortográfico da língua portuguesa* (Volp). Os dicionários se baseiam nele. Segui-los pega bem. Informa que temos familiaridade com a escrita.

1 Pacto da aliança

Leis existem para serem cumpridas. Mas nem todos o fazem. As principais vítimas são palavras que soam do mesmo jeito, mas se escrevem de forma diferente. O ouvido, infiel, engana. A gente se descuida. Ops! A punição não tarda. Cai a classificação em concursos. Vão-se promoções. Perdem-se amores. Ninguém merece. Nem você. Eis as principais tentações que, disfarçadas de ciladas, jogam o distraído nas fogueiras infernais.

2 Hora e ora

Hora significa 60 minutos: *É uma hora. Que horas são? A velocidade da via é de 60km por hora.*

Ora quer dizer *alternância, por enquanto, por agora*: *Ora estuda, ora trabalha. Lamento, mas, por ora, nada posso fazer.*

3 Demais, de mais

Demais joga no time do exagero. Tem a acepção de *muito, demasiadamente*: *Como demais. Fala demais. Corre demais. É inteligente demais.*

De mais quer dizer *a mais*. Opõe-se a *de menos*: *Ele me deu troco de mais (de menos). Até aí, nada de mais. No Judiciário, há processos de mais e juízes de menos.*

4 Mal e mau

Mau, adjetivo, opõe-se ao também adjetivo *bom*. Na dúvida, parta para o troca-troca. Reescreva a frase com o antônimo. Se soar natural, escreva o monossílabo com *u* sem susto: *lobo mau (lobo bom), mau humor (bom humor), mau funcionário (bom funcionário).*

Mal tem dois papéis. Pode ser substantivo ou advérbio. Em ambos, opõe-se a *bem*: *Nos filmes românticos, o bem vence o mal. As drogas são o mal (bem) da atualidade. Não tenho paciência com mal-humorados (bem-humorados).*

5 Mais e mas

Mais é o contrário de *menos*: *Um mais um é igual a dois. Trabalho mais do que ele. É isso, sem mais nem menos.*

Mas, conjunção adversativa, quer dizer *porém, todavia, contudo, no entanto*: *Estudei muito, mas não passei. O deputado fala muito, mas não convence. Muitos trabalham pouco, mas ganham altos salários.*

6 Ó, oh!

Ó aparece no vocativo, quando chamamos alguém: *Deus, ó Deus, onde estás que não me escutas? Até tu, ó Brutus, meu filho! Ó Paulo, entra, que está chovendo.*

Oh! é interjeição. Tem vez quando ficamos de boca aberta — de admiração ou espanto: *Oh! Que linda criança. Oh! Que trapaceiro! Ó Rafa, não entendi seu oh! de espanto. Pode me explicar?*

7 Resumo da arca

É isso. Tomada e focinho de porco são salientes e têm dois buracos. Mas um dá choque. O outro cheira. Confundi-los cria problemas. E como! Na língua, ocorre o mesmo. Há palavras que, na aparência e na pronúncia, são quase iguais. Mas confundir-lhes a grafia faz estragos. Xô!

Os sete pecados do latim

Por que semana se chama *semana*? A semana se chama *semana* porque vem de *septimana*. A palavra latina significa *sete manhãs consecutivas*. Explica-se. O número cabalístico tem tudo a ver com as fases da Lua.

Com base na duração de cada uma, criaram-se os primeiros calendários anuais. São os calendários lunares. Eles orientavam os agricultores sobre as estações do ano e, consequentemente, os períodos de plantio e colheita.

A língua dos Césares doou mais ao português. A herança aparece no vocabulário e em expressões para lá de sofisticadas. Escrevê-los e empregá-los como gente grande pega bem como usar cinto de segurança, respeitar as vagas privativas e dar sonoro bom-dia a desconhecidos encontrados no caminho.

1 *Sic*

Expulsaram o latim da escola. Não adiantou nada. Ele vive assombrando a língua. O *sic*, por exemplo. As três letrinhas aparecem a torto e a direito. Significam *assim, desse jeitinho, sem tirar nem pôr*. Usamo-las entre parênteses, depois de palavra desatualizada, com grafia incorreta ou com sentido inadequado ao contexto: "*O previlégio (sic) deve ser combatido*", *disse o ministro*.

Com o trio, que denuncia a troca de letra do vocábulo *privilégio*, damos este recado ao leitor: o texto original é bem assim. Não tenho nada com isso. Em bom português: o *sic* nos deixa bancar o Pilatos – lavar as mãos.

2 *Mutatis mutandis*

Eta coisa chique! *Mutatis mutandis* dá show de esnobação. A duplinha quer dizer *mudando o que deve ser mudado*. Usa-se quando se adapta uma citação ao contexto ou às circunstâncias. Em outras palavras: com a devida alteração de pormenores.

3 *Habeas corpus*

A polícia põe o suspeito no xilindró. Uma ordem judicial manda soltá-lo. É que o sabido entrou com pedido de *habeas corpus*. A expressão jurídica é antiga como andar pra frente. Quer dizer *que tenhas o corpo para apresentá-lo ao tribunal*. Na prática, tem duas funções. Uma: pôr em liberdade quem estiver ilegalmente preso. A outra: garantir a liberdade de quem estiver ameaçado de perdê-la. (É o tal *habeas corpus* preventivo.)

4 *Habitat*

A trissílaba dá nome ao conjunto de circunstâncias físicas e geográficas que oferecem condições favoráveis ao desenvolvimento de determinada espécie animal ou vegetal. Às vezes anda acompanhada do adjetivo *natural*. Mau. Muito mau. Trata-se de baita pleonasmo. Todo habitat é natural. O adjetivo sobra. Xô!

5 Persona non grata

Para diplomatas, o trio soa mal como voz de prisão ou voz de ex-marido e ex-mulher. Explica-se. Ele dá recado polido, porém claro. Informa que a pessoa não é bem-aceita por um governo estrangeiro. Xô!

6 Carpe diem

Oba! *Carpe diem* soa melhor que a *Quinta sinfonia*, de Beethoven; *A paixão segundo Mateus*, de Bach; *As quatro estações*, de Vivaldi; o *Danúbio azul*, de Strauss; o *Bolero*, de Ravel. Por quê? O significado responde: *aproveite o dia de hoje*. A vida é curta. A morte, certa.

7 Ipsis litteris

Você precisa copiar o texto *ipsis litteris*? Então não vacile. Transcreva-o textualmente – sem tirar nem pôr.

Olho na grafia
Reparou? As expressões latinas não têm acento nem hífen. Se aparecer um ou outro, elas perdem a originalidade. Entram, então, na vala comum dos compostos. Compare: *via crucis, via-crúcis*.

Os sete pecados do pronome átono

Antigamente, quando o mundo usava fraldas, os astrônomos faziam o que fazem hoje. Namoravam o céu. Sem dispor dos instrumentos atuais, usavam os olhos pra discriminar os moradores celestes.

Descobriram, então, que alguns se moviam. Outros se mantinham fixos. Contaram os caminhantes. Eram sete. Cinco receberam o nome de deuses da mitologia – Marte, Mercúrio, Júpiter, Vênus e Saturno. O Sol e a Terra eram velhos conhecidos.

Os estudiosos foram além. Chamaram os paradões de astros e estrelas. Os passeadores ganharam um adjetivo. Viraram *asteres planetai*. Em bom português: *estrelas errantes*. O tempo passou. A lei do menor esforço entrou em cena. *Asteres planetai* tornaram-se *planetas*. O nome pegou.

Na língua também existem criaturas errantes. São os pronomes átonos. *Me, te, se, lhe, o* e *a* adoram bater perna. Ora aparecem antes do verbo. Ora, depois. Há também os que se metem no meio. Mas, apesar da flexibilidade, muitos abusam. Cometem pecados. Sete se destacam.

1 Iniciar a frase com o fracote

O pronome se chama átono porque é fraco. Tão fraco que precisa de apoio. Onde se encostar? Em outra palavra. Por isso, na norma culta, é proibido iniciar a frase com pronome átono. O pecador deixa a vítima desamparada. Ela tomba. Na queda, atropela a reputação do ímpio.

2 Ignorar o alcance de iniciar

Olho vivo! Iniciar a frase tem duas acepções. Uma é iniciar mesmo, ser a primeira palavra do período. Assim: *Me dá um cigarro? Te telefono amanhã. Lhe deu a resposta ontem.*

A outra usa máscaras. Deixa, como na acepção anterior, o pronome desprotegido. Mas não inicia a frase. Em geral, vem depois de vírgula. Compare:

Aqui *se fala português*. (O *aqui* ampara o pronome.)

Aqui, *fala-se português*. (A vírgula impede o apoio.)

Nem sempre a vírgula expulsa o pequenino para depois do verbo. Há casos em que ela separa termos intercalados. O apoio se distancia, mas permanece. Preste atenção na malandragem:

Brasília *se localiza no Planalto Central.*

Brasília, a capital do Brasil, se localiza no Planalto Central. (Mesmo de longe, Brasília ampara o pronome.)

3 Desrespeitar a atração

Há palavras que funcionam como ímãs. Puxam o pronome para junto de si. Lembra-se delas? Eis algumas: a gangue do *qu-* (*que, quem, quando, quanto, qual*), a turma negativa (*não, nunca, jamais, ninguém, nada*), as senhoras conjunções subordinativas (*como, porque, embora, se, conquanto*): *Quero que se retirem logo. Não me disse nada. Se me convidarem, irei.*

4 Bobear com o futuro

Sabia? A terminação do futuro tem alergia ao pronome. Ambos, futuro do presente (*irei, irá, iremos, irão*) e futuro do pretérito (*iria,*

iria, iríamos, iriam), ficam cheinhos de brotoejas diante do átono. A saída? Há duas.

Uma: levar o pronome para antes do verbo. No caso, o pequenino tem de ter amparo: *Maria me telefonará amanhã. Se pudesse, o deputado se manteria na presidência da comissão. Nós nos divertimos na viagem ao Rio.*

A outra: ficar no meio do caminho. Sem apoio e impedido de se colocar na rabeira do verbo, faz ginástica. Mantém um pedaço lá e outro cá. Como? Posiciona-se entre o infinitivo e a terminação do verbo. Veja: *Telefonar-lhe-ei amanhã. Falar-se-iam mais tarde. Tratar-nos-emos civilizadamente.*

5 Esquecer a maquiagem

Ops! Olho nos pronomes *o* e *a*. Antecedidos de *r, s, z*, viram *lo, la*: *Vou pôr o livro na estante. (Vou pô-lo na estante.) Ajudamos os amigos. (Ajudamo-los.) Fez a filha feliz. (Fê-la feliz.)*

6 Desrespeitar a precedência

Quem pede quer ser atendido. Para atingir o objetivo, olho em um pormenor pra lá de importante. As orações que exprimem desejo exigem a próclise. Assim: *Deus o acompanhe! Que os anjos lhe digam amém! Que Maria a abençoe!*

7 Pisar o particípio

Olho vivo, gente fina. Nas locuções verbais, cuidado com o particípio. Nunca use pronome átono depois dele: *Haviam se retirado* (jamais: *haviam retirado-se*).

Na presença de partícula atrativa, coloque o pronome antes do verbo auxiliar: *Disse que ele se havia retirado. Nunca me tinha convidado antes de viajar. Talvez o hajam atraído.*

Os sete pecados do hífen

Deus criou o mundo em sete dias. Daí o sete ser o número da completude. Que nome dar ao suceder dos dias e das noites? Eureca! Os romanos encontraram a resposta. Consagraram cada amanhecer a uma divindade da mitologia.

O primeiro ficou com o deus Sol. O segundo, com a deusa Lua. O terceiro, com Marte, o deus da guerra. O quarto, com Mercúrio, o deus da eloquência. O quinto, com Júpiter, o deus do raio e do trovão. O sexto, com Vênus, a deusa do amor. O sétimo, com Saturno, o deus do tempo.

Com o cristianismo, as coisas mudaram. Lá pelo século v, a Igreja decidiu:

— Vamos depurar o latim. Xô, expressões do mundo pagão!

Pronto. A semana foi purificada. Os dias ganharam nomes referentes ao universo cristão ou nomes neutros. Algumas línguas desconheceram a mudança. Outras só adotaram o sábado e o domingo. O português, que nasceu no século XIII, aceitou-a integralmente.

O *sábado* veio do hebraico *Shabbat*, *dia de descanso*. ("Deus descansou no sétimo dia", diz a Bíblia.) *Dia do Sol* virou *domingo*, de *dominica*, *dia do Senhor* (Cristo ressuscitou no domingo). Os outros dias são dedicados ao trabalho. *Feira*, em latim, significa *mercado*. *Segunda-feira* é o segundo dia da semana.

Com a novidade, nasceram os nomes compostos. Com eles, o hífen – *segunda-feira*, *terça-feira*, *quarta-feira*, *quinta-feira* e *sexta-*

feira. Com o hífen, o castigo de Deus. O emprego do tracinho é tão confuso que nem o Senhor consegue memorizar as regras. O jeito é comer pelas beiradas. Aprender aos poucos. E, em caso de aperto, pedir socorro ao dicionário. Comecemos pelo vocabulário que marca a virada do calendário.

1 *Ano-novo*

Atenção, cristãos-novos. Ano-novo é substantivo comum. Vira-lata, escreve-se com as iniciais minúsculas. Tem plural: *Feliz ano-novo. Passei dois anos-novos na praia. A festa de ano-novo tem música, champanhe e boa comida.*

2 *Boas-entradas*

Fim de ano tem uma marca. É o clima de festa e boas intenções. A língua faz o que as pessoas querem que faça. Criou *boas-entradas*. Trata-se dos cumprimentos e votos de felicidades que se desejam no princípio ou no fim do ano. A dupla funciona também como interjeição. "Boas-entradas!", saudamos conhecidos e desconhecidos.

3 *Bem-vindo*

Parentes e amigos se mexem. Saem de casa e visitam os entes queridos. Os homenageados não deixam por menos. Recebem-nos com expressão de acolhimento afetuoso e hospitaleiro: *Bem-vindos!*

4 *Boa-nova*

Notícia feliz, novidade fortunosa? É *boa-nova*. Se uma borboleta branca entrar em casa, oba! É *boa-nova*. O plural? *Boas-novas*.

5 Meia-noite

Meia-noite marca o fim de um dia e o começo de outro. Ao bater as 12 badaladas, o relógio anuncia a virada do calendário. Viva!

Meio-dia também forma casal. Vem preso por uma senhora aliança: *Eu almoço ao meio-dia e meia*. E você?

6 Tim-tim

Os animados recebem o ano-novo com champanhe. Que tal um brinde? *Tim-tim*.

7 Blá-blá-blá

Ninguém é de ferro, certo? De vez em quando, joga-se conversa fora. Alguns abusam da falação. Não falta quem diga *blá-blá-blá é bom, mas cansa*.

Blá-blá-blá joga no time de *tim-tim*, *lenga-lenga*, *tique-taque*, *toque-toque*, *cri-cri*, *zum-zum*, *miau-miau*, *au-au*. Vocábulos onomatopaicos formados por palavras repetidas escrevem-se com hífen.

Os sete pecados do estilo

Maravilha tem sinônimos. Um deles: *fascínio*. Outro: *perfeição*. Muitos outros: *admiração, deslumbramento, êxtase, primor, fenômeno, milagre*. O mundo tem maravilhas. Há as antigas, as medievais e as modernas. As mais vetustas ganharam notoriedade um século e meio antes de Cristo. Lá se vão quase 2.200 anos.

Os gregos, fascinados pela majestade de monumentos e esculturas feitos pelo homem, enumeraram sete: a Pirâmide de Quéops, os Jardins Suspensos da Babilônia, a Estátua de Zeus em Olímpia, o Templo de Ártemis em Éfeso, o Mausoléu de Halicarnasso, o Colosso de Rodes e o Farol de Alexandria.

Escritores também produziram obras que encantam gerações sem discriminação de tempo, sexo ou idade. Os que vieram antes abriram caminho para os que vieram depois. E para os que virão. Todos têm uma marca. Sintonizam-se com a época em que vivem. A atual se caracteriza pela vaidade.

Pneuzinhos nas costas? Estômago exibido? Barriga nutrida? Coxas atrevidas? Vem, Pitanguy. A língua também adora ser enxutinha. Quer tudo no lugar. Gordurinhas aqui e ali? Xô! O cirurgião plástico manda as adiposidades bater em retirada. Quais?

1 Um, uma

Você tem um jornal à mão? Escolha uma matéria. Leia-a. Depois, risque os artigos indefinidos. Volte a ler o texto. Reparou? O *um* e o *uma* não fazem falta. Ao contrário. Tornam o substantivo vago, impreciso, molengão. Em 99% dos casos, é gordura pura. Xô!

Sem ele, o texto agradece. O leitor também: *O ministro mereceu (uma) recepção calorosa. O Brasil tem (um) novo imortal. Há (umas) grandes expectativas em relação ao novo governo.*

2 Seu, sua

"Livro-me dos vocábulos que estão na frase só para enfeitar ou atrapalhar", repetia George Simenon. O autor de romances policiais com certeza pensava nos possessivos *seu* e *sua*.

Às vezes, eles tornam o enunciado ambíguo; outras, sobram. Veja: *No (seu) pronunciamento de posse, o governador fez promessas. Antes de sair, olhou para o (seu) rosto e as (suas) mãos. Ao chegar, tirou os (seus) óculos.*

3 Aquele, aquela, aquilo

"O que é isso, companheiros?" Por alguma razão que nem Deus explica, os demonstrativos *aquele, aquela, aquilo* usurpam o lugar dos pequeninos *o* e *a*. Em vez dos discretos monossílabos, a turma empanturra a frase com os pesadíssimos trissílabos. Pau neles!

Compare: *Aqueles que nunca pecaram atirem a primeira pedra. (Os que nunca pecaram atirem a primeira pedra. Quem nunca pecou atire a primeira pedra.) Aquilo que é escrito sem esforço é lido sem prazer. (O que é escrito sem esforço é lido sem prazer.)*

4 Locução adjetiva

Lembre-se: menos é mais. Menos palavras é mais concisão. *Material de guerra* é material bélico. *Pessoa sem discrição* é pessoa indiscreta. *Criança sem educação* é criança mal-educada. *Líquido sem cheiro* é inodoro.

5 Orações adjetivas

Pessoa que se alimenta de verduras e legumes (pessoa vegetaria-na). Homem que planta café (cafeicultor). Criança que não sabe ler nem escrever (criança analfabeta). Brasília, que é a capital do Brasil, tem 2,5 milhões de habitantes. (Brasília, a capital do Brasil, tem 2,5 milhões de habitantes.)

6 Formas longas

Pôr as ideias em ordem é ordenar as ideias. Pôr moeda em circulação é emitir moeda. Fazer uma viagem é viajar. Ver a beleza do quadro é admirar o quadro.

Mais: Este trabalho visa analisar as causas da violência domés-tica. (Este trabalho analisará as causas da violência doméstica.) Esta tese busca discutir o preconceito racial nas escolas. (Esta tese analisa o preconceito racial nas escolas.) O cantor pode apresentar nova can-ção durante o espetáculo. (O cantor apresentará nova canção durante o espetáculo.)

7 Falação

O desnecessário sobra. Se sobra, não faz falta. Se não faz falta, xô! *Curso em nível de pós-graduação? É curso de pós-graduação. Decisão tomada no âmbito do partido? É decisão do partido. Doença de natu-reza sexual? É doença sexual.*

Os sete pecados do troca-troca de letras

O cabalístico sete representa a completude. Contou até história de amores. É o caso da paixão de Jacob por Raquel. Ele serviu ao pai da moça durante sete anos. Passado o tempo de servidão, cadê? Em vez da amada, recebeu a irmã. Não desanimou. Ofereceu outros sete anos de labor para ter a mulher querida. O drama do casal inspirou poetas e pintores. Entre eles, Camões. Eis o soneto:

Sete anos de pastor Jacob servia
Labão, pai de Raquel, serrana bela;
Mas não servia ao pai, servia a ela,
E a ela só por prêmio pretendia.

Os dias, na esperança de um só dia,
Passava, contentando-se com vê-la;
Porém o pai, usando de cautela,
Em lugar de Raquel lhe dava Lia.

Vendo o triste pastor que com enganos
Lhe fora assim negada a sua pastora,
Como se a não tivera merecida;

Começa de servir outros sete anos,
Dizendo: – Mais servira, se não fora
Para tão longo amor tão curta a vida!

A língua aprendeu a manha de Labão. Oferece duas opções. A gente escolhe uma ou outra. Acerta sempre. É o caso de *catorze* ou *quatorze*. *Ouro* ou *oiro*. *Loiro* ou *louro*. *Cota* ou *quota*. *Diabete* ou *diabetes*. *Caminhante* ou *caminheiro*. Mas há as que bancam o pai da bela. Fingem ter duas grafias, mas não têm. São sete.

1 *Cinquenta*

Desavisados pra lá de confiantes escrevem *cincoenta*. Bobeiam. A trissílaba, morta de rir, sai por aí cantando: "Enganei o bobo na casca do ovo". Cruzes! Fuja da gozação.

Guarde isto: *cinquenta* só tem uma forma.

2 *Curinga*

Você gosta de um baralhinho? Buraco, pôquer, mata-mata, sete e meio, tanto faz. Mas saiba: a carta de jogar se chama *curinga*, com *u*. Muitos, temerosos com a separação das sílabas, escrevem *coringa*. Ops! Com *o*, a palavra dá nome à vela de embarcação.

3 *Boteco*

Que tal beber umas e outras? Os belo-horizontinos adoram. A paixão é tanta que eles promovem o Festival do Boteco. Assim, com *o*. Escrever *buteco*? Nem pensar. Como o vocábulo não tem vez no dicionário, a festa desapareceria. Valha-nos, Baco!

4 *Jabuticaba*

Sabia? Jabuticaba só existe no Brasil. A jabuticabeira é generosa que só. Enche o tronco e os galhos com a frutinha gostosa. A gente começa a comer e não consegue parar. Que delícia! Ops! Escrever *jabotica-ba*? Nãooooooooooooooooooo! Dá indigestão.

5 Camundongo

O roedor esperto que faz estragos em armários e despensas? É ele mesmo, o *camundongo*. Assim, com *u*.

6 Tabuada

Aprender a tabuada é como aprender a conjugação verbal. Em ambos os casos, flexionam-se dois verbos. Um: repetir. O outro: decorar. Com um cuidado: *tabuada* vem de *tábua* — escreve-se com *u*.

7 Mendigo, reivindicar

Leia as duas palavras em voz alta. Repita-as sete vezes. Guarde a posição do *n*. Muita gente muda a nasalzinha de lugar. Maltrata mentes e ouvidos. Olho vivo! Língua afiada!

Os sete pecados da reforma ortográfica

Inveja mata? Mata. Mas também cria. O invejoso tem manhas. Tenta destruir o invejado. Se fracassa, não desiste. Esforça-se para superar o objeto do desejo. Impossível? Parte pra outra. Luta para igualar-se a ele. Vale o exemplo das sete maravilhas do mundo.

Os antigos fizeram uma lista de tirar o fôlego. Os Jardins Suspensos da Babilônia, as Pirâmides de Quéops, a Estátua de Zeus, o Templo de Ártemis, o Mausoléu de Halicarnasso, o Colosso de Rodes e o Farol de Alexandria extasiam os filhos de Deus por séculos e séculos.

Os homens contemporâneos não se conformavam diante de tantas loas e tantos suspiros. Decidiram quebrar o monopólio dos antepassados. Como? A New Open World Foundation achou a resposta. Lançou na internet a campanha "As sete maravilhas do mundo moderno".

Bombou. Mais de 100 milhões de pessoas votaram. Eis o resultado, anunciado em data cabalística – 7/7/7: Muralha da China, Petra, Cristo Redentor, Machu Picchu, Chichén Itzá, Coliseu, Taj Mahal.

Alguns adoraram a escolha. Outros a detestaram. O mesmo ocorreu com a reforma ortográfica. As mudanças na grafia das palavras despertaram paixões e iras. Sobraram esperneios.

Houve até quem propusesse campanha pra boicotar a novidade. Não adiantou. Jornais, revistas, dicionários, livros didáticos adotaram-na. A sabedoria aconselha acolhê-la. Sete pecados devem ser evitados. Quais?

1 Grafia

Olho vivo! A reforma é ortográfica. Só altera a grafia das palavras. Em bom português: alcança letras, acentos, tremas e hifens. Pronúncia, crases, concordâncias, regências continuam como dantes no quartel de Abrantes.

2 Pronúncia

O trema caiu. Mas o som do *u* se mantém. *Frequência, tranquilo, cinquenta, linguiça* e cia. perderam o sinalzinho charmoso. Mas continuam a ser pronunciados como se nada tivesse acontecido.

3 Alfabeto

Oba! Nosso alfabeto caiu na real. Convidou três excluídos para compor o abecedário. *K, y* e *w*, que sempre frequentaram nossa língua em abreviaturas, fórmulas e nomes próprios, se juntaram às velhas 23 letras. Agora, a família tem 26 membros.

Atenção, cristãos-novos. Nada muda. As palavras continuam com a mesma cara. *Uísque*, por exemplo, pediu a nacionalidade portuguesa há muito tempo. Foi atendido. Deixou o *w* pra lá e virou amigão de Camões, Machado e Pessoa.

4 Paroxítonas

Você sabia? A reforma só atingiu as paroxítonas. As oxítonas e proparoxítonas escaparam ilesas. Daí a aparente incoerência da mudança. Os ditongos abertos servem de exemplo. Éi e ói perderam o grampinho nas paroxítonas *ideia, heroico* e cia. Mas o conservam nas oxítonas como *papéis* e *herói*. É a tal história: se podemos complicar, para que simplificar?

5 Monossílabos

Ops! Generalizar é proibido. Monossílabos tônicos obedecem às regras de acentuação das oxítonas. Mas oxítonas não são. A razão? Para que a fortona caia na última sílaba, a palavra precisa ter pelo menos duas. Elas só têm uma. A pobre solitária recebe classificação à parte.

6 Acentos diferenciais

"Uma coisa é uma coisa, outra coisa é outra coisa", diz o povo sabido. A reforma lhe dá razão. Cassou os acentos diferenciais de *para* (do verbo *parar*), *pelo* (do gato, do cachorro, de pessoas), *pelo* (do verbo *pelar*), *polo* (as extremidades da Terra), *pera* (fruta ou barbicha). Reparou? São todas paroxítonas.

Pôr não entrou na faxina. O porquê está na cara. O verbo é monossílabo. Também se manteve fora da limpeza o *pôde*, pretérito perfeito de poder (*ontem ele pôde, hoje não pode*). A razão? É a exceção que confirma a regra.

7 *Feiura* e *saúde*

Confundir tomada com focinho de porco? Nem pesar. O embaralhar dos miolos cobra preço alto. Rouba pontos na prova, adia promoções, mata amores. Valha-nos, Deus! Dói menos no bolso e na vida aprender que a reforma aliviou o peso do *u* e do *i* antecedidos de ditongo. É o caso de *feiura, baiuca, Sauipe*. O *u* e o *i* antecedidos de vogal não têm nada a ver com a história. Continuam como sempre foram: *saúde, saída, baú*.

Os sete pecados dos cruzamentos

Eram nove conhecidos. Mas os antigos preferiram o número cabalístico. Os sete mares – o Adriático, o Arábico, o Cáspio, o Mediterrâneo, o Negro, o Vermelho e o Golfo Pérsico – inundaram a literatura medieval. Há quem diga que a expressão nasceu nas páginas das *Mil e uma noites*.

O marinheiro Simbad, um dos personagens das aventuras contadas por Sherazade, precisava levar mercadorias a portos distantes. Para chegar lá, navegava por sete mares. Com o tempo, as duas palavras ampliaram o significado. *Navegar por sete mares* é viajar muito, sonhar muito, entregar-se a aventuras nunca dantes sonhadas.

A língua convive com façanhas semelhantes. Trata-se dos cruzamentos. Sem entender o quê ou o porquê, criaturas atrevidas embarcam em delírios linguísticos. Misturam alhos com bugalhos. Tomam pedaço de uma estrutura e o juntam a pedaço de outra. É como cruzar elefante com gato. O resultado? Valha-nos, Deus! É a receita do cruzcredo. Quer ver? Eis os sete pecados da combinação heterodoxa.

1 Já x mais

Nas indicações temporais, existem dois bicudos. Um deles: *já*. O outro: *mais*. Como diz o outro, eles não se beijam. Onde couber um, o outro não terá vez. Assim: *Quando os bombeiros chegaram, as vítimas já não respiravam. Já não há lei que iniba a invasão dos morros. Quando entregou o projeto, não se preocupou mais.*

Olho vivo, marinheiros de poucas viagens. *Quando os bombeiros chegaram, as vítimas já não respiravam mais? Já não há mais lei que iniba as invasões? Quando entregou o projeto, já não se preocupou mais?* Xôôôôôôôôôôô! É cruzamento.

2 À medida que x na medida em que

Parecido não é igual. Mas confunde. Um dos nós que enroscam os miolos são as locuções *à medida que* e *na medida em que*. Trio e quarteto têm significados próprios. Com personalidade forte, detestam trapalhadas:

À medida que = à proporção que: *À medida que exercito a leitura, leio melhor. À medida que conhecia o amigo, encantava-se com as qualidades que demonstrava. Aumentava as risadas à medida que ouvia as loucuras do viajante.*

Na medida em que = porque, tendo em vista: *A tragédia das chuvas se repete na medida em que não se tomam medidas corretivas e preventivas. A mortalidade infantil cai no Brasil na medida em que se deu mais atenção ao pré-natal.*

Cuidado: *Na medida que? À medida em que?* Ops! É cruzamento. Xô!

3 De ... a

Na língua há casaizinhos. Eles têm uma marca. São pra lá de leais. A estrutura dos dois pares é a mesma. É o caso de *de ... a. De* é preposição pura. *A* vai atrás. Com a duplinha, por isso, a crase não tem vez: *Trabalho de segunda a sexta. Estudo de domingo a domingo. Viajamos de segunda a quinta.*

4 Das ... às

Eis outro casalzinho. *Das* se forma da preposição *de* + o artigo *a*. *Às*, fiel parceiro, também exibe preposição (*a*) + artigo. Daí a crase: *Corro da Rua da Praia à Rua dos Andradas. Estudo das 8h às 18h. Meu expediente: de segunda a sexta das 14h às 20h.*

De...à? Das...as? Nem pensar. É cruzamento.

5 *Ainda* x *mais*

A língua abriga mais bicudos do que imagina nossa vã filosofia. Além do *já* x *mais*, temos o *ainda* x *mais*. Um dispensa o outro: *O programa ainda vai levar cinco meses. O programa vai levar mais cinco meses. Ainda faltam três meses para a inauguração. Faltam mais três meses para a inauguração.*

Ops! *O programa ainda vai levar mais cinco meses?* Nem a pedido de Deus. O cruzamento leva o autor a se afundar nas águas de um dos sete mares. Sem boia.

6 *Ainda* x *continua*

Viu? O *ainda* indica continuidade. O *continua* também. Misturar os dois dá briga. Fique com um deles: *Apesar do despreparo físico, Neymar continua ídolo dos brasileiros.*

Uiiiiiiiiiiiiiiiiiiiiiiiiiiiii! *Neymar ainda continua ídolo dos brasileiros?* Virgem Maria, protegei-nos. Livrai-nos da ira divina.

7 *A partir* x *começar*

Atenção, marinheiros de poucas viagens. *A partir* significa *a começar.* Usar os dois dá confusão. Sem preguiça, escolha um ou outro: *A partir de domingo, o metrô terá novo horário. O novo horário do metrô começa domingo.*

A partir de domingo o metrô começa a circular em novo horário? Que desperdício! É dose dupla. Deus castiga.

Os sete pecados das pegadinhas

Existem os sete pecados mortais. Eles estão à nossa volta. Tentam-nos. Nós, fracos humanos, caímos na deles. Aí, não dá outra. Marchamos rumo às chamas do inferno. Como fugir de tão forte atração? Deus, que não brinca em serviço, deu a resposta.

Criou as sete virtudes. São antídotos eficazes. Contra a luxúria, a castidade. Contra a avareza, a generosidade. Contra a gula, a temperança. Contra a preguiça, a diligência. Contra a ira, a paciência. Contra a inveja, a caridade. Contra a soberba, a humildade.

Com eles o chifrudo mete o rabinho entre as pernas e bate à porta de outra freguesia. O mesmo ocorre com a língua. O falante desavisado cai na tentação de pecar contra gênero, número, flexão e significados. Um dia, descobre que a forma não é bem aquela.

Oba! Toma o rumo certo. Deixa o desvio pra lá e faz as pazes com Deus, os homens e os imortais. Que tal acompanhá-lo? Juntando-nos aos bons, seremos um deles.

1 Tempestivo, intempestivo

Atenção, marinheiros de poucas viagens. *Tempestivo* e *intempestivo* não têm parentesco nem remoto com temperamento. Dizer que alguém é tempestivo em vez de temperamental? Nem pensar. Pega mal como andar sem cinto de segurança ou dirigir acima da velocidade da via. Xô!

Tempestivo pertence à família de tempo. Significa *no tempo certo, oportuno*: *O recurso foi apresentado tempestivamente* (dentro do prazo).

Intempestivo é o contrário. Quer dizer fora do prazo: *A ação foi ajuizada fora do prazo previsto em lei. Foi intempestiva.*

2 Alface

As chuvas que despencaram na serra fluminense fizeram estragos. Entre eles, o sumiço das verduras. O assunto virou notícia. Sobressaiu, então, pecado cada vez mais comum. A troca do gênero de alface. A verdinha gostosa e calmante é feminina sim, senhores: *a alface, a alface americana, a alface crespa.*

3 Milhar, milhão

Milhar e *milhão* viraram fregueses. Quando seguidos de nome feminino, não dá outra. Vestem-nos de saia. É comum ouvir *as milhares de vítimas, duas milhões de crianças, foram recebidas milhões de declarações.* Valha-nos, Deus! Xô! Xô! Xô!

Milhar e *milhão* são machinhos da silva. Numeral, artigo e adjetivo concordam com eles: *os milhares de vítimas, dois milhões de crianças, foram recebidos milhões de declarações.*

4 Moral

O moral? *A moral*? As duas formas se escrevem do mesmo jeitinho. Mas uma é macha. A outra, fêmea. Muita gente não sabe disso. Na maior ingenuidade, mistura alhos com bugalhos. O resultado é um só. Pensa que está dando um recado. Dá outro. Pior: não dá recado nenhum.

Os jovens dificilmente falam em *o moral*. Preferem *astral*. Há pessoas que têm *alto astral*. Outras, *baixo astral*. É o mesmo que *moral alto* e *moral baixo*. No masculino, a dissílaba quer dizer *estado de espírito, disposição de ânimo.* Quer moral mais baixo que o do goleiro que leva frango? Nem precisa ser jogo decisivo.

A moral significa norma de conduta, moralidade. Nessa acepção, só o feminino tem fez. Aprecie: *A moral nacional depende da cultura de cada povo. Você sabe qual a moral da fábula? Ih! Lá vem lição de moral.*

5 Óculos

Óculos joga no time de *férias, pêsames* e *núpcias.* Só se usa no plural. Exceção? Nenhuma. É plural. Ou plural: *Onde estão meus óculos? Comprei dois óculos escuros. As férias são sempre bem-vindas. As núpcias do príncipe repercutiram no mundo inteiro. Apresente meus pêsames à família.*

6 Mulherezinhas

O plural de palavras que fazem o diminutivo com o acréscimo do sufixo *-zinho* tem exigências. Para chegar a ele, há que percorrer três etapas. A primeira: pôr a palavra primitiva no plural. A segunda: retirar o *s.* A última: acrescentar o sufixo *–zinhos.*

Assim: *animal (animais → animai → animaizinhos), bar (bares → bare → barezinhos), botão (botões → botõe → botõezinhos), cão (cães → cãe → cãezinhos), mulher (mulheres → mulhere → mulherezinhas), homem (homens → homen → homenzinhos).*

7 Seriíssimo

Sabia? Há superlativos que dobram o *i.* Só cinco ou seis adjetivos têm essa manha. Quais? Os terminados em *-io: frio (friíssimo), macio (maciíssimo), necessário (necessariíssimo), precário (precariíssimo), sério (seriíssimo), sumário (sumariíssimo).*

Os sete pecados da concordância

Havia seis artes. Seis? Não era número cabalístico. Como chegar ao sete? Em 1911, Ricciotto Canudo escreveu o *Manifesto das sete artes*. Os entendidos protestaram. Não adiantou. A grande novidade da época abocanhou a denominação. O cinema tornou-se a sétima arte.

O esperneio se explica. Trata-se do signo particular que cada uma utiliza. A música fica com o som. A pintura, com a cor. A escultura, com o volume. A arquitetura, com o espaço vazio. A literatura, com a palavra. A dança (coreografia), com o movimento. E o cinema? Sem cerimônia, a sem-signo próprio misturou todos. O jeito foi concordar.

A língua também faz pactos. Um deles: a concordância. Para conviver com harmonia, estabeleceu hierarquias. O sujeito e o predicado são os mandachuvas. Na flexão do verbo, o sujeito dita as regras. Muitos ignoram o trato. Cometem pecados. Sete deles se destacam.

1 Sujeito posposto

O português é flexível. Permite que os termos passeiem na frase. O vaivém, porém, não muda as regras. O verbo continua vassalo. Concorda com o sujeito em pessoa e número.

Mas nem todos se dão conta da mudança de posição. Quando o sujeito aparece depois do verbo, é tropeço certo. Veja um exemplo: *Na rua onde eu morava, passava meninos de bicicleta.*

Ops! Se o sujeito estivesse na frente do verbo, ninguém se machucaria: *Na rua onde eu morava, meninos de bicicleta passavam.*

2 Voz passiva

A passiva sintética (construída com o pronome *se*) é outra tentação. Veem-se, a torto e a direito, placas com *vende-se frutas* ou *aluga-se casas*. Perdoai-nos, sujeitos! Senhor, mostrai-nos o caminho da salvação.

Ei-lo: construa a frase com o verbo *ser*. Se o danadinho ficar no plural, o da passiva sintética vai atrás. Se no singular, idem: *vendem-se frutas* (*frutas são vendidas*), *alugam-se casas* (*casas são alugadas*), *constrói-se muro de pedra* (*muro de pedra é construído*).

3 Ou

O *ou* joga em dois times. Ora inclui. Ora exclui. Olho vivo! Se mais de um sujeito pode praticar a ação, é a vez do plural: *Um ou outro artista compareceram à festa* (nada impede que mais de um artista apareça).

O perigo mora na exclusão. Aí, só um pode reinar. O verbo tem de concordar com ele. É o caso de *Pedro ou Luís será presidente do clube.* Só há uma vaga? O singular pede passagem.

4 Um dos que

Expressão-gilete, *um dos que* corta dos dois lados. Topa o singular e o plural. Moleza? Nem tanto. O singular é egoísta. Diz que a ação se refere a um só sujeito: *O Tietê é um dos rios da capital paulista que deságua no Paraná.* (Só o Tietê deságua no Paraná.) *João é um dos candidatos à presidência que ataca o antecessor.* (Há vários candidatos. Só João ataca o antecessor.)

O plural joga em outro time. Informa que a ação se refere a mais de uma criatura: *João é um dos candidatos à presidência que* atacam o antecessor. (Vários candidatos atacam o antecessor. João é um deles.)

5 Partitivo

Partitivo é parte de um todo. Há expressões partitivas – *parte de*, *uma porção de, grupo de, o resto de, a metade de, a maioria de*. Etc. e tal. Quando seguidas de complemento plural, o verbo se esbalda. Pode concordar com o núcleo do sujeito ou com o complemento: *A maioria dos candidatos se endividou (se endividaram) na campanha. Metade das frutas apodreceu (apodreceram). A maioria da população do Rio sofreu com as chuvas.*

6 *O mais possível*

Possível é adjetivo. Concorda com o substantivo (*acordo possível, acordos possíveis*). O problema pinta na expressão *o mais...possível.* Quando flexionar o trissílabo? Olho no artigo. *Possível* concorda com ele: *Mulheres o mais elegantes possível. Mulheres tentadoras o mais possível. Os maiores esforços possíveis.*

7 *Quem*

Fui eu quem comprei o livro? Fui eu quem comprou o livro? Ah! O verbo morre de paixão pelo *quem*. Mas tem cintura flexível. Se exigirem, concorda com o pronome pessoal: *Fui eu quem comprou o livro. Fui eu quem comprei o livro. Fomos nós quem compramos o livro. Fomos nós quem comprou o livro. Foram eles quem compraram o livro. Foram eles quem comprou o livro.*

Os sete pecados da redação oficial

Hermes, o belo deus que tinha asas nas pernas e na cabeça, era o mensageiro de Zeus. Ele levava as mensagens do senhor do Olimpo para os demais seres. Com tal missão, além de ágil, tinha de ser extremamente discreto. Daí nasceu a expressão *hermeticamente fechado.*

A primeira-dama também tinha sua mensageira. Hera, mulher de Zeus, contava com a majestosa Íris. Ela usava um xale com sete cores que, no vai e vem, deixava um rastro no céu. É o arco de Íris.

Com o tempo, a imagem passou a simbolizar a ligação – ponte entre os deuses e os homens. Íris virou substantivo comum que dá ideia de policromia. Eis por que a parte colorida dos olhos se chama íris. E as sete cores deixadas no céu depois da chuva, arco-íris.

Hermes e Íris ganharam a admiração dos homens. Fáceis, leves, variados e elegantes, os textos que transportam são por todos admirados. Lamentavelmente não servem de exemplo pra redação oficial, que obedece a normas rígidas, tão antigas quanto o rascunho da Bíblia.

Os funcionários não têm saída. Precisam aprender as manhas, aplicar as regras e repetir modelos pra lá de arcaicos. Espernear? Muitos tentam. Valham-nos, excelências, senhorias, majestades e cia. burocrática.

1 Burocracia

Você sabia? A palavra *burocracia* tem dupla nacionalidade. *Bureau* vem do francês. Na língua de Voltaire e Victor Hugo, quer dizer *mesa de trabalho*. *Krátos* nasceu grega. Desde Platão e Aristóteles, significa *poderio*.

A mocinha fez longa caminhada. No começo da vida, *bureau* era o tecido grosseiro com que se cobriam as mesas para escrever ou fazer contas. Com o tempo, passou a designar a própria mesa de trabalho. Por fim, chegou ao sentido atual – *escritório, repartição pública*.

2 Pronomes de tratamento

Vossa Senhoria, Vossa Excelência, Vossa Majestade, Vossa Magnificência e demais salamaleques são formas de tratamento da redação oficial. Elas vieram ao mundo na monarquia portuguesa. À época, era proibido se dirigir ao rei.

Quem ousasse fazê-lo perdia a cabeça. O jeito foi buscar subterfúgios. Em vez de falar ao monarca, falava-se à excelência do monarca, à majestade do monarca, à senhoria do monarca. Viu? O jeitinho brasileiro vem de longe.

3 Pessoas

Os pronomes de tratamento são cheios de manhas. Ora se referem à pessoa com quem se fala. Pedem, então, ajuda ao possessivo *vossa*: *Vossa Excelência, senhor presidente, fez belo discurso. Vossa Senhoria pode atender o telefone? Não sei, reitor, a que documento Vossa Magnificência se reportou.*

Outras vezes, referem-se à pessoa de quem se fala. Trocam, então, o *vossa* pelo *sua*. Nada mais muda: *Sua Excelência fez belo discurso. Sua Senhoria não costuma atender o telefone. Não sei a que documento Sua Magnificência se reportou.*

4 Concordância

Ops! Não vale bobear. Os verbos e os pronomes relacionados aos pronomes de tratamento são vaquinhas de presépio. Não arredam pé da 3ª pessoa: *Vossa Excelência pode repetir a frase? Majestade, não entendi suas palavras. Vossas Magnificências fizeram suas considerações com elegância.*

Viu? Com os pronomes de tratamento, o possessivo *vosso* não tem vez. Xô! Estendam tapete vermelho para *seu, sua.*

5 Crase

Olho vivo! Pronomes de tratamento começados por *Vossa* têm alergia ao artigo. Com eles, a crase não tem vez. Por quê? Crase é o casamento de dois *aa*. Um deles é o artigo. Sem um par, o outro fica solteirinho da silva: *Dirijo-me a Vossa Senhoria. Refiro-me a Sua Excelência. Encaminho a Sua Senhoria a carta solicitada.*

6 *Anexo, em anexo*

Ofícios, cartas e memorandos têm uma paixão. Encaminham alguma coisa. Pode ser livros, relatórios e tantos outros documentos que a burocracia adora produzir. Aí, não dá outra. *Anexo* ou *em anexo* entram em cartaz. Como usar um ou outro?

Anexo é adjetivo. Como os irmãozinhos dele, concorda em gênero e número com o nome a que se refere: *Anexo, encaminho o documento. Anexos, encaminho os documentos. Anexa, encaminho a carta. Anexas, encaminho as cartas.*

Em anexo bate à porta de outra freguesia. Locução adverbial, joga no time dos inflexíveis. Sem feminino, masculino, singular ou plural, é sempre igual: *Em anexo, encaminho os documentos. Em anexo, en-*

caminho o documento. Em anexo, encaminho a carta. Encaminho as cartas em anexo.

7 Vocativo

O vocativo não se dirige à pessoa. Dirige-se ao cargo da autoridade. Escreve-se com as iniciais maiúsculas (*Senhor Diretor, Senhor Presidente, Senhor Chefe*). O texto começa sempre com letra grandona: *Escrevo-lhe a fim de lhe comunicar o andamento do processo...*

Os sete pecados da regência verbal

O nome deles? É Feliz, Atchim, Mestre, Zangado, Soneca, Dengoso e Dunga. São os sete anões que acolheram a Branca de Neve na floresta. Por que sete? Poderiam ser cinco, oito, nove. Mas qualquer outro número não teria a graça do cabalístico sete.

Nada mais simbólico do que as sete criaturas para socorrer a princesa perseguida pela madrasta cruel. Nada mais simbólico também do que apontar os sete verbos cuja regência maltrata a língua. *Preferir* é um deles. *Extorquir*, outro. *Chegar, ver, informar, responder* e *agradecer* completam a lista. Eles exigem certas preposições para dar certos recados. Vamos lá?

1 *Preferir*

Sabia? *Preferir* é vítima de duas maldades. Trocam-lhe a regência. Por alguma razão que só Deus explica, desavisados o confundem com *gostar*. Dizem, então, *prefiro mais cinema do que teatro*.

Nada feito. Peçam perdão ao Senhor e deem ao verbo o que é do verbo. A gente prefere uma coisa *a* outra: *Prefiro cinema a teatro. Ela prefere a discrição aos holofotes. Preferimos sair a ficar em casa.*

Preferir mais? Nem pensar. Gosta-se mais. Mas prefere-se simplesmente. O mais está subentendido no trissílabo.

2 Extorquir

Ops! Telejornais não se cansam de repetir: *Fiscais extorquem comerciante*. Vamos combinar? Essa é tarefa quase impossível. Extorquir não é lá coisa boa. Significa obter por meio de violência, ameaça ou ardil.

O objeto direto do verbo tem de ser coisa. Pessoa não tem vez. Extorque-se alguma coisa. Não se extorque alguém. Assim: *Fiscais extorquem dinheiro de comerciante. A polícia extorquiu o segredo sob tortura. Extorquiram a fórmula ao cientista.*

3 Chegar

Chegar pertence a família muito especial – dos verbos de movimento. Eles exigem a preposição *a*. Às vezes, *para*. Nunca *em*. A ojeriza que um nutre pela outra é profunda. Melhor não provocar.

4 Ver

A gente vê alguém ou alguma coisa. *Eu vejo Maria, Maria vê os amigos, os amigos veem livros na livraria*. Observou? O pequenino é transitivo direto. Na substituição do objeto pelo pronome átono, o *o* ou o *a* pedem passagem (o *lhe* não tem vez).

Repare: *Eu vi Paulo na livraria. (Eu o vi na livraria.) Nós veremos os filmes candidatos ao Oscar. (Nós os veremos.) Vejo você todos os dias. (Vejo-o todos os dias. Vejo-a todos os dias). Nunca o vi sorrir. Sempre o vejo sério. Vi-o fazer sinal ao motorista.*

5 Responder

Responde-se alguma coisa ou a alguma coisa? No sentido de dar resposta a alguém ou a alguma coisa, a presença do *a* fica pra lá de chique: *responder à carta, responder ao ofício, responder ao desafio, responder ao professor.*

Na acepção de dizer em resposta, a preposição cai fora. Assim: *O depoente responderá o que quiser. Respondi que não aceito pressões. Responderá que ainda não tomou decisão alguma.*

6 *Agradecer*

Agradeça a alguém por alguma coisa: *Agradeço a Deus pela graça. Agradecemos aos amigos pelas gentilezas. Agradeci ao diretor pela promoção recebida.*

Atenção, muita atenção. *Agradecer* tem outras regências. Mas se constrói sempre com objeto indireto de pessoa. O pronome *o* (*a*), por isso, não tem vez com ele: *agradeço-lhe o presente.* (Nunca: agradeço-*o*).

7 *Informar*

Eta verbinho versátil. Ele tem duas regências. Uma informa alguma coisa a alguém: *Informo o horário do filme aos leitores. Informo a V.Sª que a empresa adotará novo regime de trabalho. O professor informou aos alunos o dia das provas.*

A outra informa alguém de alguma coisa: *Informo os leitores do novo horário do filme. Informo V.Sª de que a empresa adotará novo regime de trabalho. Eles informaram o funcionário de que a seção seria reformada.*

Quer substituir o nome pelo pronome? O *alguém*, objeto indireto, vira *lhe*. O *alguma coisa*, objeto direto, *o, a*: *Informo-lhes o horário do filme. Informo-o aos leitores. O professor informou-lhes o dia das provas. O professor informou-o aos alunos.*

Os sete pecados do *todo*

faraó acordou perturbado. Dois sonhos estranhos não lhe saíam da cabeça. No primeiro, sete vacas gordas e bonitas saíam do rio Nilo seguidas por sete vacas magras e feias. Ops! Surpresa! As sete esquálidas devoraram as sete nutridas.

No segundo, sete espigas bonitas e cheias de grãos surgiam de uma haste seguidas por sete espigas feias e mirradas. Repetia-se a cena: as sete ressequidas comiam as sete fartas.

"Venham os sábios e intérpretes", ordenou o poderoso. Eles foram. Mas não conseguiram decifrar o mistério. O copeiro do palácio, que passara uma temporada na prisão, contou ao faraó que conhecera um jovem na cadeia a quem os deuses haviam dado o dom da interpretação dos sonhos. Era José.

Não deu outra. O faraó chamou o rapaz e lhe ordenou que explicasse a história das vacas e das espigas. José disse:

— Os dois sonhos têm o mesmo sentido. As sete vacas gordas e as sete espigas granadas representam sete anos de fartura. As sete vacas magras e as sete espigas mirradas são sete anos de fome que se seguirão à abundância.

Alertado, o faraó não pensou duas vezes. Ordenou que se construíssem celeiros por todo o território e se armazenassem grãos suficientes para os anos de fome. E, assim, o Egito foi o único país a passar incólume pelo período das vacas magras.

A mesma precaução se aplica à língua. No trato de grafias, concordâncias, regências, empregos e colocações, cuidados se impõem. Um dos sinais amarelos se acende no uso do pronome *todo*.

O dissílabo ora aparece no plural, ora no singular. Ora com artigo, ora sem artigo. Como se safar dos pecados a que as variações induzem? É fácil. O primeiro passo é interpretar o pronome na frase. O segundo, como fez o faraó, tomar as medidas corretivas possíveis.

1 *Todo*

No singular, com o substantivo sem artigo, o solitário significa *cada, qualquer: Todo* (qualquer) *homem é mortal. Todo* (qualquer) *país tem uma capital. Toda* (qualquer) *hora é hora. A toda* (qualquer) *ação corresponde uma reação.*

2 *Todo o, toda a*

Acompanhado de substantivo com artigo no singular, o casal quer dizer *inteiro*: *Li todo o livro. Trabalho o ano todo. Viajei toda a semana.*

3 *Todos os, todas as*

No plural, acompanhado de substantivo com artigo, o pronome dá o sentido de totalidade das pessoas e dos representantes de determinada categoria, grupo ou espécie: *No Brasil, nem todos os alunos conseguiram matrícula em escolas públicas. Todos os brasileiros com idade entre 18 e 70 anos são obrigados a votar. Trabalho todos os dias da semana.*

4 *Todos os = os*

Sabia? Ser claro é obrigação de quem escreve. O artigo definido se presta a confusão de significados. Olho vivo! Ao dizer *Deus perdoa os pecados*, englobamos todos os pecados. Se não são todos, o pequenino não tem vez: *Deus perdoa pecados*.

Ora, se o artigo engloba, o *todos* sobra em muitas situações. Corte-o sem pena: *Vou ao teatro todos os sábados.* (*Vou ao teatro aos sábados.*) *Todos os funcionários demitidos perderam a gratificação.* (*Os funcionários demitidos perderam a gratificação.*) *Queremos todas as crianças na escola.* (*Queremos as crianças na escola.*)

5 Dois

Acredite. O *todo* tem alergia ao numeral *dois*. *Todos os dois?* Nem pensar. É espirro pra todos os lados. Diga *os dois* ou *ambos*: *Os dois saíram. Ambos saíram.*

6 Unanimidade

Atenção, navegantes de muitas ou poucas viagens. *Todos foram unânimes* é pleonasmo dessssssssssssssssssssssssssssssste tamanho. *Unânime* é relativo a todos. Seja parcimonioso. Use um ou outro: *Os líderes foram unânimes. Todos concordaram.*

7 Vira-casaca

Numa construção, o todo funciona como advérbio. Invariável, equivale a totalmente. É o caso de *todo-poderoso* e cia.: *o todo-poderoso, os todo-poderosos, a todo-poderosa, as todo-poderosas.*

Os sete pecados da crase

Os anjos ligam o Céu e a Terra. Acima deles vêm os arcanjos. São sete. Quatro pra lá de conhecidos – Miguel é príncipe das milícias celestes. Gabriel, o da anunciação. Rafael, o da cura. Uriel, o senhor da luz. Os outros três trabalham pra chuchu. Nós é que não sabemos. Micael é o braço direito de Deus. Anael, o dono da centelha energética material. Azaziel, o fogo transformador.

Pra tratar da crase, que tal pedir ajuda a São Rafael? Ele é médico do Céu e da Terra. Ninguém melhor do que o piedoso arcanjo pra nos livrar do uso indevido do acento grave. Eis os sete mandamentos que previnem os sete pecados. Seguindo-os, o resultado é um só: a bênção da alternativa por todos ambicionada – acertar ou acertar.

Arderá nas fogueiras do demo quem usar o acento grave:

1 Antes de nome masculino

Crase é o casamento de dois *aa*. Um deles é a preposição. O outro, o artigo. Ora, o pequenino *a* só tem vez antes de nome feminino. O machinho pede *o*. Sem o artigo, o azinho solitário dá o recado: *Bebê a bordo. Saiu a todo vapor*.

Não bobeie. Há certas construções que enganam. Dão a impressão de que aceitam crase antes de masculinos. Olho vivo! Elas escondem uma palavra feminina. Veja: *Decora a casa à (moda) Luís XVI. Não se dirigiu à Rua da Praia, mas à (Rua) dos Andradas.*

2 Com palavras repetidas

Cara a cara, uma a uma, gota a gota, face a face, semana a semana, frente a frente.

3 Antes dos pronomes pessoal, indefinido e os demonstrativos *esta, essa*

Dirigiu-se a esta funcionária. Confessou a ela as trapaças que havia feito. Saiu a toda. É honesto a toda prova. Aplaudia o funcionário a cada etapa vencida. Assistiu a algumas cenas do filme. O assessor fala com o presidente a qualquer hora.

Observou a manha? Certos pronomes não aceitam artigo. E, sem artigo, xô, crase! A gente diz *esta funcionária saiu*, não *a esta funcionária saiu*; *ela diz a verdade*, não *a ela diz a verdade*; *toda nudez será castigada*, não *a toda nudez será castigada*; *algumas cenas impressionaram*, não *a algumas cenas impressionaram*.

4 Com o *a* no singular seguido de nome plural

Assistiu a reuniões durante o dia. Falou a professoras presentes ao evento. Vai a cidades sugeridas no roteiro. Conseguiu o emprego a duras penas.

Seja malicioso. O artigo que acompanha o substantivo plural deve estar no plural. Preposição + artigo plural = às. A ausência do *s* dá recado claro – falta o artigo. Compare: *Compareceu a reuniões em São Paulo. Compareceu às reuniões em São Paulo.*

5 Com o casalzinho *de...a*

Trabalho de quarta a sexta. Viajo de segunda a segunda. De quarta a sexta, faço plantão de 24 horas.

6 Antes de nome de cidade (sem especificação)

Chegou a Brasília. Bem-vindo a São Paulo. Vou a Moscou, a Paris e a Roma. (Compare: Chegou à Brasília de JK. Foi à Moscou dos czares, à Paris da alta costura e à Roma dos papas. Bem-vindo à São Paulo dos bandeirantes.)

Como saber se o nome da cidade é especificado ou não? Recorra ao velho macete que os professores de antigamente ensinavam aos alunos. Eles faziam a moçada trocar o *ir* pelo *voltar* e decorar este verso:

Se, ao voltar, volto da,
craseio o á.
Se, ao voltar, volto de,
crasear pra quê?

Foi a São Paulo. Voltou *de* São Paulo. (Voltar de, crasear pra quê?)

Foi à São Paulo dos bandeirantes. Voltou *da* São Paulo dos bandeirantes. (Voltar *da, crase no á).*

7 Antes da locução *a distância* (sem especificação)

Siga-a discretamente, a distância. A universidade oferece cursos a distância. A distância, todos os gatos são pardos. (Se a distância for determinada, o acento tem vez: *Segui Maria à distância de mais ou menos 100m. Os sem-terra marchavam à distância de um quilômetro.*)

Os sete pecados da acentuação gráfica

São sete as notas musicais. Nós as conhecemos de cor e salteado – dó, ré, mi, fá, sol, lá, si. O nome delas homenageia São João Batista. O monge beneditino Guido Arezzo queria que as composições musicais fossem guardadas e reproduzidas. Como? Precisavam ser escritas.

Para dar nome a cada nota, tomou a primeira sílaba de cada verso de um hino de louvor a São João Batista. É este: "Ut queant laxis/Resonare fibris/Mira gestorum/Famuli tuorum/Solve polluti/Labii reatum/Sancte Iohannes". A tradução é algo como: "Para que teus servos/Possam das entranhas/Flautas ressoar/Teus feitos admiráveis/Absolve o pecado/Desses lábios impuros/Ó São João".

No século XVII, houve a troca de "ut", por "dó", provavelmente pra facilitar a pronúncia. O "si" nasceu da abreviação de *sancte Iohannes*, ou São João em português.

1 Monossílabos

Na natureza nada se perde. Tudo se aproveita. Os monossílabos sabem disso. Acentuam-se como as notas musicais. Ganham sinalzinho na cabeça os terminados em *a, e* e *o*. Os demais ficam leves e soltos – *dó, ré,* mi, *fá,* sol, *lá,* si. Mais exemplos? Ei-los: *cá, má, vá, sé, vê, lê, dê, ló, pó, só, si, cru, nu.*

2 Dois times

Os monossílabos se dividem em dois grupos. Um: os fracotes, chamados átonos. O outro: os fortões, conhecidos por tônicos. Os primeiros são tão molengões que precisam do apoio de outra palavra. Pra ficarem fortes, precisam de ajuda. O acento lhes presta socorro.

Compare: *O dinheiro* **da** *merenda* **dá** *pra comprar um lanche legal. O livro* **de** *Paulo talvez* **dê** *pra ser compartilhado. A roupa* **do** *Luís* **dá dó. Li** O homem **nu**, *de Fernando Sabino.*

3 Letras

Na língua, todos são iguais perante a acentuação. O nome das letras não foge à regra. São todos tônicos. Os monossílabos seguem a regra sem tirar nem pôr: *á, bê, cê, dê, ê, gê, i, ká, ó, pê, quê, tê, u, vê, xis, zê.*

4 Pegadinha

Ops! Eis uma pegadinha pra lá de esperta. Trata-se da grafia da primeira letra do alfabeto. "O acento do á é diferencial"? Nãooooooooooooo! Ele não se acentua para distinguir-se de sósia. Acentua-se por ser monossílabo tônico.

5 A diferença

Vale lembrar: em português, existem duas palavras com acentos diferenciais. Uma é monossílabo – *pôr*. Esse é diferencial. Compare com dor e cor. A outra é *pôde*, do verbo *poder*. O grampinho diz que falamos do passado, não do presente: *Ontem ele pôde ir ao teatro. Hoje não pode. Nem poderá amanhã.*

6 Lei do menor esforço

Os oxítonos, adeptos da lei do menor esforço, foram atrás. Ganham agudo ou circunflexo quando terminam em *a, e* e *o*. Os demais ficam livres dos acessórios: *sofá, está, café, você, cipó, carijó, tupi, guarani, caju, urubu, Aracaju.*

7 Sem tirar nem pôr

Atenção, marinheiros de poucas viagens! Verbos seguidos do pronome *lo* seguem *ipsis litteris* a regra: *amá-lo, vendê-lo, parti-lo, compô-lo.*

Os sete pecados dos modismos

Apocalipse é o último livro do Novo Testamento. O nome vem do grego. Quer dizer *revelação*. Ao longo das páginas, há revelações terrificantes sobre os destinos da humanidade. Por isso, a palavra ganhou o sentido de cataclismo, flagelo terrível.

No capítulo XVII, aparece este verso: "As sete cabeças são sete montes, nos quais a mulher está sentada. São também sete reis, dos quais caíram cinco, um existe, e o outro ainda não chegou. Quando chegar, tem de durar pouco".

A passagem tem muitas interpretações. Uma delas diz que os reis são reinos. Quais? Considerado o tempo do profeta, cinco passados – Egito, Assíria, Babilônia, Medo-Pérsia e Grécia. Um presente, a Roma Imperial (pagã). O último, a Roma Papal (cristã).

Será? Os estudiosos continuam debruçados sobre o texto. Como se trata de linguagem figurada, é impossível bater o martelo. Mas é possível escrevê-lo com reverência à língua. Um dos mandamentos: fugir dos modismos.

Eles passam. A mensagem fica. Fugir deles não exige nenhum saber excepcional. Basta conhecer as sete maravilhas da língua. São os cuidados que tornam a expressão nota mil.

1 Conjugação do futuro

Há duas formas de indicar o porvir. Uma é o futuro simples (*manda-rei*). A outra, o composto (*vou mandar*). Nada do pleonástico *irei mandar* ou do inexistente *vou estar mandando*.

2 Emprego do subjuntivo

É chique dar a César o que é de César. A certeza fica por conta do indicativo. A incerteza, a dúvida, a subjetividade pedem o subjuntivo: *Talvez ele venha. Se a polícia detiver o bandido, a cidade ficará aliviada. Não acreditei que chegássemos a tempo. Ah, que precisão!*

3 Uso do *enquanto*

A conjunção une orações. Em outras palavras: junta verbo com verbo (*enquanto eu estudo, você trabalha*; *você nada enquanto eu jogo bola*). Usá-la no lugar de *como* ou *na qualidade de* (*Luís, enquanto membro do ministério, defende o governo*) é um horror. Induz-se a coitada ao crime de falsidade ideológica. Dá xilindró.

4 A vez do *onde*

O *onde* é o maior vilão do vestibular e dos concursos. Tira pontos da moçada até dizer chega. A razão é uma só. Usam-no no lugar do *que*, *cujo*, *o qual*. Nada feito. O dissílabo indica lugar físico: *Minha terra tem palmeiras/onde canta o sabiá.*

Se o lugar não é físico, *em que, no qual, na qual* pedem passagem: *Na palestra em que (na qual) falou sobre a crise brasileira, recebeu muitos aplausos. O trânsito se congestiona nos dias em que (nos quais) chove na cidade. No debate em que (no qual) o ministro se destacou, falou-se sobre o risco de corrida armamentista no mundo.*

5 Indicação de tempo

Aos sábados? *No sábado*? O uso do *aos* informa que o fato se repete regularmente: *Faço compra aos sábados (todos os sábados). Dou aula às quartas e sextas (todas as quartas e sextas). Vou à missa às quintas (todas as quintas).*

A preposição *em* (*no sábado*, *na segunda*) diz que o fato ocorrerá uma só vez ou de vez em quando: *Beto se batizou no sábado. Fui ao cinema na segunda. Viajo na quarta para Madri.*

6 Respeito ao *acontecer*

Acontecer dá ideia de inesperado, desconhecido (*O que acontece? Tudo acontece nos feriados*). O verbinho não significa *realizar-se*. Nem *ocorrer. A disputa aconteceu ontem?* Nem pensar! *Realizou-se ontem. O concerto acontece no Teatro Municipal?* Cruz-credo! *O concerto será no Teatro Municipal.*

7 Pronome relativo preposicionado

É um luxo dizer *o livro de que gosto, o filme a que assisti, o regimento a que obedeço, a cidade em que moro.*

Outro dia, o *Fantástico* anunciou: "A cidade que chove todos os dias." Valha-nos, Deus! Já imaginaram a cidade chover? Não sobraria um morador.

Ufa! São pecados sem-fim. A nossa língua, que guarda raízes lusitanas, incorporou influências de todos os matizes. Dominá-la exige estudo, estudo e estudo. Mas, neste alegre Pindorama, a escola não ajuda. Representa. Finge que ensina. O aluno finge que aprende. A sociedade finge que acredita. Vigorosos enganos entram, então, em cartaz. Um tropeço, vez por outra, acaba com uma boa reputação.

Não há, por isso, quem deixe de se inquietar com as ciladas do nosso idioma. Nem o Senhor. Lá do alto, Ele observa a luta das criaturas. E, mais generoso que os homens, redime os esforçados. Oferece-lhes possibilidades de se safar e partir pra outras. Afinal, perdoar é o único vício de Deus.

O próximo capítulo serve de prova da fé do Todo-Poderoso na capacidade humana. Ele passa do cabalístico sete, símbolo da completude, para o oito, que representa a perfeição. Abre espaço para a oitava maravilha do mundo. As sete, a gente conhece. São as Pirâmides do Egito, os Jardins Suspensos da Babilônia, o Mausoléu de Halicarnasso, o Templo de Ártemis, em Éfeso, o Colosso de Rodes, a Estátua de Zeus esculpida por Fídias e o Farol de Alexandria.

E a oitava? É subjetiva. Cada um tem a sua. Trata-se de algo que se afigura extraordinário, insuperável no gênero. Para uns é o computador. Para outros, a internet. Há os que escolhem o milagre de ver a criança decifrar os mistérios da escrita. O Papai do Céu opta pelo estilo nota 10. Sabe que um texto sedutor não cai do paraíso. Cultiva-se com técnica, paciência e desapego. Siga os dez mandamentos.

A oitava maravilha da língua

1 Seja adequado

A língua se parece com um imenso armário. Nele há todos os tipos de roupas. O desafio: escolher a mais adequada para o momento. A piscina pede biquíni. O baile de gala, longo e *black tie*. O cineminha, traje esporte. Confundir as vestes tem nome. É inadequação.

O mesmo princípio orienta o texto. Horóscopo exige palavras genéricas. Reportagens, fatos e vocábulos concretos. Salas de bate-papo, abreviaturas inventadas, troca de letras, signos incompreensíveis a muitos mortais. Não se trata de certo ou errado. Mas do português adequado à ocasião.

2 Seja claro

Montaigne, há 400 anos, disse que o estilo tem três virtudes. A primeira: clareza. A segunda: clareza. A terceira: clareza. Graças a ela, o receptor entende a mensagem sem ambiguidades.

3 Seja preciso

A precisão tem íntima relação com as palavras. Buscar o vocábulo certo para o contexto é trabalho árduo. Exige atenção, paciência e pesquisa. Consultar dicionários, textos especializados e profissionais da área deve fazer parte da rotina de quem escreve.

Quem fala de economia, por exemplo, tem de distinguir o significado de salário, vencimento, provento, pensão, subsídio ou verba de representação. Uma reportagem sobre política não pode dizer que os deputados vetaram um projeto: quem veta é o presidente da República. A Câmara rejeita.

4 Seja natural

Imagine que o leitor esteja à sua frente conversando com você. Sinta-se à vontade. Faça pausas e perguntas diretas. Dê ao texto um toque humano. Você se dirige a pessoas de carne e osso.

5 Seja fácil

No mundo de corre-corre, queremos textos curtos, precisos e prazerosos. Facilidade fisga. Para chegar lá, opte por palavras familiares. As longas e pomposas são pragas. Em épocas passadas, quando a língua era instrumento de exibição, gozavam de enorme prestígio. Falar difícil dava mostras de erudição. Impressionava.

Hoje a realidade mudou. E-mail, Twitter e WhatsApp exigem rapidez. Prefira a ordem direta. Evite intercalações. Vacine-se contra redundâncias, pedantismo e verborragia. Escreva frases curtas. "Uma frase longa", escreveu Vinicius, "não é nada mais que duas curtas."

6 Seja leve

Não canse. Respeite o tempo, os ouvidos e o bom gosto do leitor. Busque a frase elegante, capaz de veicular com clareza e simplicidade a mensagem que você quer transmitir.

7 Seja respeitoso

Boa parte das pessoas se indigna com palavrões, obscenidades e expressões chulas. Só os acolha em situações excepcionais.

8 Seja surpreendente

Surpresa chama a atenção e desperta a curiosidade. É o gosto pelo inusitado. Fuja dos modismos e chavões. Eles roubam a força e o frescor. *Pontapé inicial, abrir com chave de ouro, chorar um rio de lágrimas, ver com os próprios olhos, cair como uma bomba* e cia. foram surpreendentes algum dia. Hoje soam como coisa velha. Transmitem a ideia de escritor preguiçoso, desatento ou malformado. Em suma: incapaz de surpreender.

9 Seja dinâmico

Água parada apodrece. Exala mau cheiro, espanta os próximos e deixa os distantes de sobreaviso. Só o movimento a mantém viva. O mesmo ocorre com a língua. Frases mornas e tediosas afugentam o leitor. Seja dinâmico. Vá logo ao ponto. Abuse de verbos e substantivos. Prefira a voz ativa. Evite palavras pomposas. Varie o vocabulário, as estruturas e o tamanho da frase.

10 Seja gentil

As palavras carregam carga ideológica. Algumas mais; outras menos. A sociedade está atenta aos vocábulos que reforçam preconceitos. Fuja deles. Cor, idade, peso, altura, origem e preferências sexuais são as principais vítimas.

Gentileza não se restringe a palavras. Atinge períodos, parágrafos, chega ao texto completo. Ao se expressar, comece bem, de forma atraente, que desperte o interesse e estimule a vontade de chegar ao fim. Aí, ofereça o prêmio cuidadosamente escolhido: um fecho tão forte quanto a introdução.

A autora

Dad Squarisi transita com desenvoltura pelo universo da língua. É editora de Opinião do *Correio Braziliense*, comentarista da TV Brasília, blogueira, articulista e escritora. Assina as colunas Dicas de Português e Diquinhas de Português, publicadas por jornais de norte a sul do país; Com Todas as Letras, na revista *Agitação,* e Língua Afiada, na *Revista do Ministério Público de Pernambuco.*

Formada em Letras, com especialização em Linguística e mestrado em Teoria da Literatura, concentra o interesse, sobretudo, na redação profissional – o jeitinho de dizer de cada especialidade, cada grupo, cada mídia. Mas é tudo português.

A experiência como professora do Instituto Rio Branco, consultora legislativa do Senado Federal e jornalista do *Correio Braziliense* iluminou o caminho dos livros *Dicas da Dad – Português com humor, Mais dicas da Dad – Português com humor, A arte de escrever bem, Escrever melhor* (com Arlete Salvador), *Redação para concursos e vestibulares* (com Célia Curto), *Como escrever na internet, 1001 dicas de português – manual descomplicado* (com Paulo José Cunha), publicados pela Contexto, além de *Superdicas de ortografia, Manual de redação e estilo para mídias convergentes*, dos *Diários Associados*, e de livros infantis – de mitologia e fábulas.

GRÁFICA PAYM
Tel. [11] 4392-3344
paym@graficapaym.com.br